Couverture inférieure manquante

DEBUT D'UNE SERIE DE DOCUMENTS
EN COULEUR

COMITÉ DE PATRONAGE

DES

ÉTUDIANTS ÉTRANGERS

ET

ASSOCIATION FRANCO - ÉCOSSAISE

RAPPORTS

DU SECRÉTAIRE GÉNÉRAL

DOLE

IMPRIMERIE GIRARDI ET AUDEBERT

43, RUE DES ARÈNES, 43

—

1904

Nos 9, 10, 11, 12

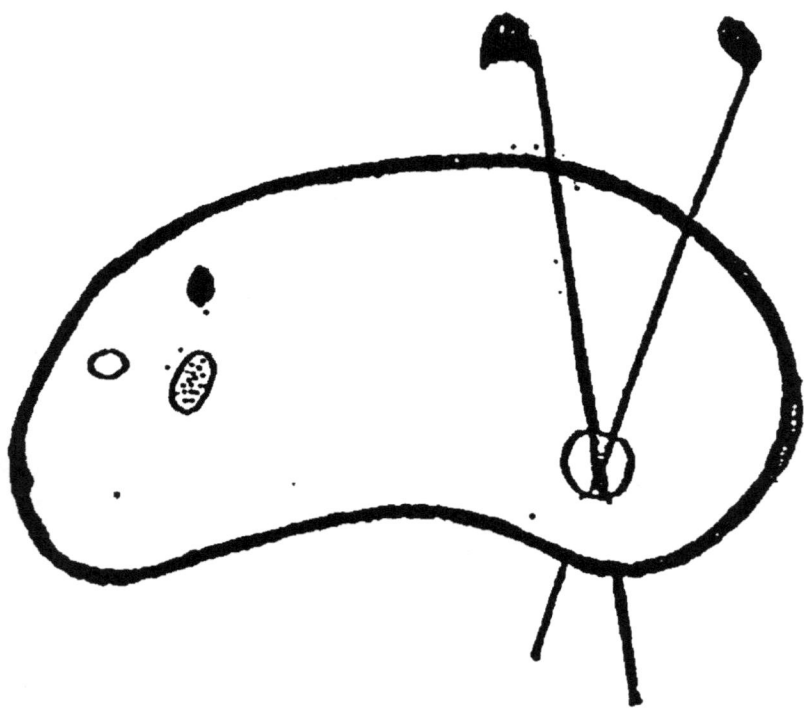

FIN D'UNE SERIE DE DOCUMENTS
EN COULEUR

COMITÉ DE PATRONAGE

DES

ÉTUDIANTS ÉTRANGERS

RAPPORTS DU SECRÉTAIRE GÉNÉRAL

(Années 1900 - 1902).

Séance du 30 juin 1900.

MESSIEURS,

C'est dans notre séance du 5 juillet 1898 que vous avez approuvé les pourparlers engagés depuis quelque temps déjà, au sujet de la création d'une Section étrangère annexée à l'Ecole française d'Athènes, et que vous avez autorisé votre bureau à prélever sur nos ressources, au moment opportun, la somme de 40,000 francs pour être consacrée à la construction d'un bâtiment destiné aux nouveaux membres. Depuis lors, la question est revenue souvent devant vous et j'ai eu l'occasion à plusieurs reprises de vous entretenir des démarches entreprises simultanément soit à Paris, soit à Athènes ; ici, pour intéresser MM. les Ministres des Affaires étrangères et de l'Instruction publique à un projet dont l'initiative appartient à M. Homolle, mais que vous avez fait vôtre, par la part que vous avez prise dès la première heure à sa

1

réalisation ; là, pour obtenir de la bienveillance et de la sympathie des autorités administratives de la Grèce le terrain qui nous était nécessaire. Or cette période de préparation a été longue et difficile, et il a fallu le concours de toutes les bonnes volontés pour triompher de tous les obstacles.

Aujourd'hui les choses paraissent en bonne voie, et nous pouvons déjà enregistrer quelques précieux résultats. A Paris, nous avons eu la satisfaction d'obtenir un décret qui consacre le principe de la création d'une Section étrangère à l'Ecole française d'Athènes ; là-bas, les efforts combinés des amis de notre pays, et notamment le zèle obstiné de M. Homolle et de M. d'Ormesson, ont amené les hommes au pouvoir à comprendre l'intérêt qu'il y avait pour la Grèce à s'associer au développement d'une œuvre qui, en dernière analyse, ne peut que lui procurer de nouvelles sympathies et faire pénétrer dans de nouveaux milieux les lumières de son génie ; enfin, à Bruxelles, après un long temps d'arrêt, les négociations ont repris, et j'ai le plaisir de vous annoncer que le Ministre de l'Instruction publique lui-même, se ressouvenant des premières ouvertures faites au nom du Comité, vient de demander à M. Gérard quatre places à l'Ecole, une pour chacune des quatre Universités du royaume voisin.

C'est pour vous mettre au courant de cette situation, que nous vous avons priés de vouloir bien vous réunir aujourd'hui. M. Casimir-Périer vous dira tout à l'heure, avec l'autorité qui lui appartient, le résultat des démarches qu'il a faites auprès de M. le Ministre de l'Instruction publique, soit au point de vue

des engagements pris par son département pour le cas
où notre subvention serait insuffisante, soit au point de
vue des modifications qui seront apportées, au décret
du 20 janvier 1900 ; pour moi, je me contenterai de
détacher de la correspondance qui a été échangée entre
votre secrétaire général d'une part, M. Homolle et
M. Gérard de l'autre, les passages qui peuvent vous
renseigner sur l'état des négociations pendantes et sur
les résultats déjà obtenus.

Vous saviez déjà par mes communications anté-
rieures, que M. Homolle et le comte d'Ormesson étaient
en instance, auprès de la municipalité d'Athènes, pour
obtenir la cession gratuite du terrain contigu à
l'Ecole. Cette cession paraissait imminente, quand les
prétentions des propriétaires du terrain d'une part, et
de nouvelles élections municipales d'autre part, ayant
tout remis en question, il fallut recommencer sur nouveaux frais.

Voici d'ailleurs des fragments de lettres qui, mieux
que des paroles, vous fixeront sur les phases diverses
et les fluctuations par lesquelles l'affaire est passée.

A la date du mois de février dernier, le comte d'Ormesson, supposant toutes les difficultés aplanies, écrivait à M. Casimir-Périer : « Dès ma rentrée à Athènes,
je me suis occupé de la question du terrain, et je n'ai
pas cessé depuis, de concert avec M. Homolle, d'en
entretenir le Président du Conseil et le Ministre des
Affaires étrangères, dont la bonne volonté ne nous a
d'ailleurs jamais fait défaut. La difficulté était d'amener
la municipalité actuelle à exécuter les engagements
moraux pris par l'administration qui l'a précédée.
Nous y sommes enfin parvenus dans une réunion tenue

il y a deux jours chez M. Théotokis. Il a été décidé que la ville d'Athènes céderait gratuitement à l'Ecole française 1800 mètres de terrain l'avoisinant immédiatement, et placés dans les conditions les plus avantageuses, pour la construction de l'annexe projetée. Nous avions espéré un moment obtenir un lot de terrain un peu plus important, ce qui nous eût donné nos coudées plus franches, mais la ville obligée d'acquérir a voulu limiter ses charges, et pour cela n'avoir à traiter qu'avec un seul propriétaire. Or il lui eût fallu s'entendre avec deux pour pouvoir augmenter la quotité de sa cession à l'Ecole.

» Tel qu'il se comporte, le terrain qui va vous être remis sera suffisant pour établir largement les services de votre annexe, et nous ne pouvons qu'accueillir avec gratitude la libéralité de la municipalité d'Athènes. J'attends incessamment la notification officielle de l'accord ainsi réalisé, et comme les plans de l'architecte français Castex, membre de l'Ecole, sont faits, nous pourrons immédiatement nous mettre à l'œuvre et, l'hiver prochain, grâce à la générosité du Comité de Patronage, dont je suis heureux de pouvoir reconnaître et louer ici l'initiative si profitable à l'influence nationale en Grèce, l'Ecole annexe sera, j'en ai la confiance, installée dans les meilleures conditions. »

Malheureusement, le propriétaire du terrain, flairant une affaire, devint plus exigeant, et le Conseil municipal se déroba. L'affaire serait allée à vau-l'eau, si le Président du Conseil, à la suite de nouvelles démarches, n'était alors intervenu pour déclarer que le Gouvernement grec ne laisserait pas protester la signature de la municipalité d'Athènes. Voici en quels termes, dans une lettre récente, M. Homolle nous met au courant de cette nouvelle phase. A la date du 21 mai dernier, il m'écrit : « Le Conseil municipal s'est dérobé à ses promesses. Mais M. Théotokis, tout en se reconnaissant incapable de les lui faire exécuter, a déclaré que l'engagement pris devait être tenu, et que dès lors l'Etat devait se substituer à la Commune. Il l'a dit à la Chambre en annonçant l'intervention du Gouvernement ; il me l'a dit à moi-même en termes formels qu'il m'a autorisé à communiquer à Paris. Cette intervention, c'est la prise à la charge de l'Etat des engagements non remplis ; elle consiste en la présentation d'un projet de loi autorisant l'Etat à acheter et à donner à l'Ecole le terrain, dans les limites reconnues nécessaires pour la construction de l'annexe. M. Théotokis, en me développant les raisons pour lesquelles il s'est décidé à agir ainsi, m'a résumé d'avance son exposé de motifs. Il ne saurait être plus flatteur pour l'Ecole, pour la fondation nouvelle. Cette consécration officielle, cette donation solennelle, si elles nous imposent des délais, sont en retour beaucoup plus honorables qu'une libéralité municipale. Veuillez, je vous prie, en portant à la connaissance du Comité les faits ci-dessus, lui indiquer que, si le résultat est différé, il est maintenant plus fermement assuré, plus complet et plus éclatant. »

J'ai tenu, Messieurs, à vous lire en entier cette lettre de l'éminent Directeur de l'Ecole d'Athènes, car elle justifie la confiance que votre bureau a toujours eue dans le résultat final et qu'il a réussi à vous faire partager. Aujourd'hui, l'engagement pris par le Ministre nous permet d'attendre, en toute sécurité, le moment où, grâce à la bonne volonté des hommes d'Etat grecs, un nouveau lien sera créé entre la France et l'Orient méditerranéen.

Cette intervention du Gouvernement donne, en effet, ainsi que le dit si bien M. Homolle, une signification particulière à l'acte de cession projetée, et quand on se souvient que sa première manifestation coïncide avec cette donation retentissante du terrain de la Dormition de la Vierge, on ne peut s'empêcher de voir dans cet hommage rendu à la science française, comme une réponse du monde hellénique à tout ce qui pourrait porter atteinte à notre influence séculaire en Orient.

Je pense, du reste, Messieurs, qu'il serait opportun de faire exprimer sans plus tarder à M. Théotokis nos sentiments de profonde et vive gratitude. En prenant acte officiellement de ces promesses, le Comité faciliterait, je crois, la tâche de M. Homolle. Vous voudrez bien nous dire dans quelle forme et par quel intermédiaire votre bureau aura à se faire votre interprète.

Pendant que les choses prenaient cette tournure à Athènes, M. Gérard ne restait pas inactif à Bruxelles. Je vous ai déjà dit les raisons qui nous avaient amenés à désirer que les pourparlers s'y poursuivissent, en même temps que ceux d'Athènes. M. Casimir-Périer voulait savoir si notre annexe, une fois construite, serait occupée, et si nous avions quelque chance d'y attirer des étrangers. Il pria donc M. Gérard, à la veille de son départ pour la Belgique, de venir s'en-

tendre avec lui, et lui remit une copie de la convention de 1847, en lui expliquant l'intérêt qu'il y
aurait à la faire revivre dans l'esprit, sinon dans les
termes. M. Gérard, qui depuis de longues années s'in-
téressait à notre œuvre de propagande, et lui avait
donné le concours le plus efficace quand il occupait le
poste de Pékin, se mit à l'œuvre dès le premier jour.
Malheureusement, les circonstances alors étaient peu
favorables et les premières ouvertures furent reçues
assez froidement. Le Ministre se tint sur la réserve et
les choses paraissaient devoir traîner en longueur, quand
tout à coup, en novembre dernier, nous fûmes informés
que l'idée de faire profiter les jeunes Belges de l'enseignement de notre Ecole avait fait son chemin, que
les hommes les plus considérables du royaume,
M. Montefiori, Léon, en tête, l'appuyaient chaudement,
que le Ministre lui-même était favorable. M. Gérard
m'écrivit à ce sujet :

« M. de Trooz, Ministre de l'Intérieur et de l'Instruction publique en Belgique, que j'ai vu hier, m'a
demandé si l'Ecole d'Athènes et avec elle, le Comité
de patronage des Etudiants étrangers, seraient prêts à
accueillir un ou deux érudits belges qui seraient en
mesure de profiter avec fruit et dans les conditions
voulues, de l'enseignement de notre séminaire d'A-
thènes. Il est très désireux d'activer ce qui a été ébauché
en 1847, et est tout prêt à nous proposer deux, trois,
ou même quatre Belges, un pour chacune des Universités du royaume. » Et quelques semaines plus tard,
confirmant tout ce qu'il nous avait dit antérieurement,
il ajoutait : « Tout marche à souhait. Dans une nouvelle entrevue que j'ai eue avec les Ministres royaux

des Affaires étrangères et de l'Intérieur, il a été convenu que M. de Trooz allait s'adresser à son collègue des Affaires étrangères, pour les démarches définitives à faire auprès du gouvernement français, et à son collègue des Finances pour les bourses à allouer aux jeunes Belges qui iront à Athènes. Je considère que nous voici au terme des longs et patients efforts du Comité de patronage. Nous allons aboutir : je m'en réjouis pour notre cher pays qui poursuit ainsi son œuvre d'influence intellectuelle et morale, et remporte une véritable victoire sur le mouvement flamingant ; je m'en réjouis pour le Comité qui a si vaillamment lutté, j'ajoute et je m'en réjouis aussi pour la légation de la République à Bruxelles qui, de la sorte, a lié un nouveau lien et non des moindres, entre la France et la Belgique. »

Ce qui s'est passé depuis n'a fait que confirmer ces prévisions optimistes. Le baron d'Anethan, M. Casimir-Périer vous le dira tout à l'heure, a reçu les instructions nécessaires ; notre gouvernement est officiellement saisi par ses soins de la demande du ministère belge, et déjà un jeune étudiant, le fils du bourgmestre de Bruxelles, est à l'Ecole d'Athènes.

Je vous ai dit dans le temps les conditions d'admission des membres étrangers. Je crois inutile d'y revenir aujourd'hui. Si pourtant vous étiez curieux de connaître l'esprit dans lequel le gouvernement de l'Etat voisin aborde cette question d'admission de ses nationaux dans une Ecole étrangère, je vous demanderai la permission de transcrire encore quelques lignes d'une des dernières lettres de M. Gérard : « Il a été bien entendu dans nos entretiens avec M. de Trooz et

son collègue du ministère des Affaires étrangères, que
le gouvernement belge, en facilitant l'admission de ses
nationaux à notre Ecole, se réservait la faculté de leur
laisser libre, éventuellement, et si le cas se présente,
l'accès à des Instituts similaires d'autres nationalités.
Il va de soi cependant que ceux des jeunes Belges qui
auront été admis à notre Ecole lui appartiendront
sans partage, et suivront exclusivement l'enseignement et le régime de notre Ecole. » Et le ministre
ajoute : « Ceci est très correct, et il est clair que nous
ne pouvons réclamer un monopole absolu. Ce qui a été
convenu et ce qui est évident, c'est que, le choix une
fois fait, les jeunes gens destinés à notre Ecole appartiendront à cette Ecole, et non point à d'autres. Mais
si de jeunes Belges veulent aller à l'Institut allemand, par exemple, et si le gouvernement belge s'en-
tend à cet égard avec le gouvernement allemand, nous
n'avons rien à y objecter. »

Peut-être auriez-vous préféré pour nous, pour notre
influence, pour l'objet que nous poursuivons, que
l'adhésion du gouvernement belge fût sans réserves.
Mais enfin l'essentiel est obtenu, puisqu'il est entendu
qu'après avoir fait librement leur choix, les jeunes
gens qui auront opté pour l'Ecole d'Athènes lui
appartiendront complètement et sans retour. Pour le
reste, faisons crédit au temps et à la puissance d'at-
traction de nos maîtres, ainsi qu'aux qualités innées de
bonne grâce et de courtoisie qui distinguent notre
jeunesse.

La vive satisfaction que nous a causée la demande
inopinée de M. de Trooz n'a pas été pourtant sans
nous causer quelque embarras. L'Ecole n'est pas encore

construite et les jeunes gens vont partir. Il nous a donc fallu aviser et écrire de suite à M. Homolle pour le prévenir de l'arrivée prochaine des étudiants Belges et le prier de vouloir bien chercher un local convenable dans le voisinage de l'Ecole. En retour, et après avoir pris l'avis de M. Liard, j'ai cru en même temps devoir m'engager, au nom du Comité, à verser annuellement une somme de 17 à 1800 fr. pour la location de l'immeuble. J'espère, Messieurs, que vous voudrez bien ratifier cet engagement, bien qu'il entraîne des charges nouvelles au moment même où, pour des raisons que M. Casimir-Périer vous expliquera tout à l'heure, nous allons vous demander d'élever de 40.000 fr. à 50.000 francs la quote part du Comité dans les dépenses de construction de la nouvelle annexe.

Mais, dans la circonstance, l'essentiel était d'agir vite, de ne pas laisser en l'air la parole de notre ministre à Bruxelles, de fournir un argument de plus à nos avocats à Athènes, et je ne doute pas, Messieurs, que vous n'excusiez notre oubli du protocole et que vous ne nous donniez votre blanc-seing. Il se pourrait d'ailleurs que notre budget n'eût pas trop à souffrir de la combinaison proposée, si M. Homolle, comme il l'espère, parvient à loger, à l'Ecole même et en attendant, les deux nouveaux venus.

Nous avons aujourd'hui en caisse 60.518 fr. 63, par conséquent largement de quoi faire face à nos dépenses courantes : bourses, subventions, frais généraux, dépenses de la nouvelle construction. Il est vrai que le devis que je vais vous soumettre et qui a été dressé par M. Tournaire, l'architecte bien connu des fouilles de Delphes, dépasse nos prévisions, puisqu'il s'élève à plus de 92.000 drachmes ; mais il est à présumer qu'après un examen minutieux ce devis pourra subir certaines réductions. Dans tous les cas, notre part contributive n'excédera jamais 50.000 francs, M. le Ministre de l'Instruction publique ayant en effet pris l'engagement de nous rembourser toute dépense supplémentaire, ainsi qu'en témoigne la lettre par laquelle M. Leygues, répondant à M. Casimir-Périer, lui communique, à la date du 7 juin, le texte du nouveau projet, ainsi que les conditions de notre collaboration :

« Monsieur le Président, suivant le désir que vous m'avez exprimé par votre lettre du 30 mai dernier, j'ai l'honneur de vous communiquer le texte du nouveau projet relatif à la Section étrangère de l'Ecole française d'Athènes (1).

(1) *Décret du 20 janvier* 1900.

ART. I. — Il est institué à l'Ecole française d'Athènes une Section étrangère, dans laquelle sont admis les savants du pays qui en feront la demande au gouvernement français et signeront avec lui une convention à cet effet.

ART. II. — Ces conventions détermineront pour chaque pays, suivant les usages universitaires et les besoins scientifiques de chacun d'eux, les conditions ou preuves de capacité à exiger des candidats.

ART. III. — Les membres étrangers de l'Ecole française d'Athènes seront nommés par leurs gouvernements respectifs. Ils devront être agréés par le gouvernement français, représenté par le ministre de l'Instruction publique.

ART. IV. — Les membres étrangers seront placés, à Athènes, sous l'autorité de leurs ministres respectifs et sous la direction du directeur de l'Ecole française.

ART. V. — Ils seront admis à l'usage de la bibliothèque et des collections de l'Ecole. Ils seront associés à ses travaux, conférences, voyages et fouilles, de la manière qui paraîtra la plus conforme à leur éducation scientifique et aux intérêts de l'Ecole.

ART. VI. — S'ils reçoivent de leurs gouvernements des allocations spéciales pour fouilles ou voyages, le Directeur de l'Ecole, après avis des représentants des gouvernements intéressés, choisira la région des

Le Président de la République française, · sur le rapport du ministre de l'Instruction publique et des Beaux-Arts et du ministre des Affaires étrangères, décrète.

Les articles 1, 2, 3 et 7 du décret du 20 janvier 1900 sont modifiés ainsi qu'il suit :

ART. I. — Il est institué une Section étrangère à . l'Ecole française d'Athènes.

ART. II. — Les membres de cette Section devront être agréés par le gouvernement français représenté par le ministre de l'Instruction publique.

ART. III. — Les candidats seront présentés à l'agrément du gouvernement français, soit directement par leurs gouvernements, soit par l'intermédiaire du Comité de patronage des étudiants étrangers de Paris.

ART. VII. — Les membres de la Section étrangère seront logés gratuitement dans un immeuble mis à la disposition de l'Ecole par le Comité de patronage des étudiants étrangers de Paris. Les gouvernements étrangers ou le Comité de patronage devront s'engager à payer pour chacun d'eux, à titre de frais de service,

monuments à explorer et fera toutes démarches auprès des administrations compétentes pour obtenir les autorisations nécessaires et les facilités et sécurités désirables.

ART. VII. — Les membres étrangers seront logés à Athènes dans un immeuble mis à la disposition de l'Ecole par le Comité de patronage des étudiants étrangers de Paris. Les conventions prévues à l'article 1er du présent décret détermineront la redevance annuelle à payer pour chacun d'eux pour les frais de service.

Les frais de leur nourriture seront à leur charge ou à celle de leurs gouvernements.

ART. VIII. — Le ministre de l'Instruction publique et des Beaux-Arts et le ministre des Affaires étrangères sont chargés, chacun en ce qui le concerne, de l'exécution du présent décret.

une redevance annuelle déterminée par le ministre de l'Instruction publique. Les frais de nourriture des membres de la Section étrangère seront à leur charge ou à celle de leurs gouvernements.

Puis le ministre ajoute : « J'estime avec vous, Monsieur le Président, qu'il y a tout avantage à déterminer nettement les conditions dans lesquelles s'exerceront les concours que le Comité de patronage des étudiants étrangers veut bien nous prêter pour la constitution définitive de cette Section.

» 1° La construction de l'immeuble sera, comme vous le faites observer, subordonnée à la cession gratuite d'un terrain par le gouvernement hellénique ;

» 2° Le Comité contribuera aux dépenses de la construction et de l'aménagement pour la somme de cinquante mille francs dont il peut disposer ;

» 3° Le surplus de la dépense sera payé par lui ; mais couvert par une subvention qu'il recevra de mon département en 1900 et 1901 ;

» 4° Comme vous le proposez, le Comité, aussitôt l'annexe construite, en fera la remise à l'Etat français. »

Après la lecture que je viens de vous faire, je pense, Messieurs, que vous n'hésiterez pas à ratifier les engagements pris par votre bureau et à élever à cinquante mille francs notre part dans les dépenses de construction de l'annexe. J'espère aussi que vous aurez le sentiment que l'œuvre que vous avez poursuivie avec tant de fermeté, à travers de si nombreux obstacles, est en bonne voie. Reste, il est vrai, la question du terrain, qui est encore en suspens ; mais nous n'avons

pas le droit de douter de la parole d'un ministre, et
M. Homolle nous a écrit que cette parole était for-
melle.

Paul Mellon.

Séance du 27 janvier 1902.

Messieurs,

A la veille de l'inauguration de l'Ecole annexe,
inauguration qui aura lieu dans les premiers jours
d'avril, et au moment où le Comité va se faire représenter à cette fête, qui marque une date dans son
histoire, permettez-moi de revenir un peu en arrière,
et de rappeler brièvement les circonstances diverses
qui ont favorisé ou ralenti un dénouement auquel
tendaient tant d'efforts convergents.

C'est en 1895 que le Comité a envisagé, pour la
première fois, la possibilité de construire à Athènes une
Ecole annexe destinée aux élèves de nationalité étrangère. Il venait de recevoir une lettre de M. Homolle,
dans laquelle l'éminent directeur des fouilles de Délos
et de Delphes faisait appel à son concours, et il lui
avait semblé que ce ne serait pas sortir des limites de
son programme que de collaborer à la création d'un
tel centre d'action et d'influence française.

L'idée, du reste, existait depuis longtemps. Une
convention avait été signée autrefois entre la France
et la Belgique, qui ouvrait les portes de l'Ecole
d'Athènes aux jeunes savants du royaume voisin.
Cette convention, conclue en 1847, était restée lettre

morte par le fait de certaines circonstances politiques ;
mais on pouvait la faire revivre, la reprendre, en
étendre le bénéfice à d'autres pays, à ceux par exemple
qui sont en rapports étroits avec le nôtre, ou qui y
cherchent volontiers un point d'appui, et constituer ainsi,
en face de l'Institut allemand, dont l'importance grandissante tient en partie à la nombreuse clientèle qui
se recrute, non seulement dans l'Empire, mais aussi
dans les pays voisins, un groupement capable d'en-
fermer dans les liens d'une grande famille scientifique
des hommes venus de différents points de l'horizon.

Sept ans se sont écoulés depuis, et ce long laps de
temps dit assez ce qu'il a fallu d'efforts, de bonne volonté et de précieux concours, pour arriver au point où
nous en sommes, c'est à dire à la veille de l'inauguration de l'école annexe de l'École d'Athènes. Vous
savez tout ce que nous devons à la haute influence de
notre Président, M. Casimir-Périer, aux incessantes
sollicitations du comte d'Ormesson et de M. Homolle,
surtout à la bienveillance de M. le Ministre des Affaires
étrangères qui, au moment psychologique, par son intervention auprès de M. Théotokis, président du Conseil
des ministres à Athènes, a assuré le dépôt, sur le
bureau de la Chambre hellénique, du projet de loi qui
pouvait seul permettre la réalisation du projet.

Il fallait en effet un terrain pour construire, et ce
terrain nous ne le possédions pas. La municipalité
d'Athènes avait bien promis jadis d'en faire le don
gratuit ; mais au moment de s'exécuter elle s'était
dérobée, et tout allait être remis en question, quand
M. Théotokis déclara que l'Etat grec ne laisserait pas
protester la signature du Conseil municipal d'Athènes,

et qu'il tiendrait l'engagement d'honneur que ce dernier avait pris. C'est à ce moment-là que M. Delcassé voulut bien accueillir la requête que votre secrétaire général lui avait présentée, en insistant sur ce fait que l'Autriche avait obtenu la cession d'un terrain, et qu'il était difficile que la France fût traitée moins favorablement.

A la date du 4 février 1901, M. Delcassé lui écrivait en effet : « Monsieur le Secrétaire, vous m'avez récemment entretenu de la question du terrain destiné à l'annexe de l'Ecole française d'Athènes. J'ai l'honneur de vous faire savoir qu'à la suite de démarches de notre ministre en Grèce, le Gouvernement hellénique vient de saisir le Parlement d'un projet de loi tendant à ouvrir les crédits nécessaires pour cette acquisition. » Et, le 20 février, le ministre ajoutait, dans une nouvelle lettre : « Monsieur, ma lettre du 4 de ce mois vous a fait connaître la présentation, à la Chambre grecque, d'un projet de loi destiné à assurer à notre Ecole d'Athènes la possession du terrain nécessaire pour la construction d'une annexe.

» Je suis heureux de vous annoncer, d'après un télégramme du comte d'Ormesson, que ce projet de loi a été adopté par le Parlement hellénique. »

En votre nom, j'adressai de suite un télégramme de félicitations à M. Homolle, qui, ne voulant pas être en reste avec nous, nous écrivit aussitôt : « La fondation, dont votre Comité a accepté l'idée et assumé la charge avec une si patriotique générosité et une si ferme constance, va donc enfin être réalisée. Vous avez bien voulu, en réponse à mon télégramme, m'adresser les remerciements et les félicitations du Comité : c'est bien plutôt l'Ecole française, à qui vous apportez une force nouvelle, c'est moi, à qui vous avez fait un si long crédit de confiance au milieu de difficultés sans cesse renouvelées, qui vous devons l'expression sincère et émue de notre reconnaissance. Veuillez, je vous en prie, vous en faire l'interprète auprès de M. Casimir-Périer, auprès du Comité et de l'Association tout entière. »

Avec le vote de la Chambre grecque, tout n'était pas fini cependant. Restaient encore les formalités de l'expropriation, et, comme le disait le comte d'Ormesson, il était à craindre qu'elles ne prissent beaucoup de temps. Il n'en a rien été heureusement ; la procédure n'a duré que quelques semaines et les travaux ont pu commencer aussitôt sous la direction de M. Tournaire, architecte du Gouvernement, d'après les plans qui vous avaient été soumis et que vous aviez approuvés. Le devis de la construction s'élève à la somme de quarante-neuf mille cent quarante-trois francs. A cette somme il convient d'ajouter les dépenses du mobilier, ainsi que celles occasionnées par les travaux d'aménagement du terrain et de déblaiement.

L'entrepreneur n'a pas voulu signer un forfait d'ensemble, comme vous l'auriez désiré, car les usages locaux s'y opposent ; mais il a signé un devis descriptif et estimatif bilingue, qui se trouve entre les mains de l'architecte ; il a du reste accepté tous nos prix, à la condition toutefois qu'il y aurait ensuite un métré sur place. L'avis de l'architecte et du conducteur des travaux est qu'il n'y aura point de dépassement de crédit, et que nous resterons dans les limites du devis. A l'heure actuelle, nous avons déjà envoyé à Athènes,

2

après réalisation partielle des valeurs qui se trouvent sous le dossier du Comité, la somme de trente-cinq mille francs. Le premier envoi de 25.000 fr. a produit au change de 155 1/4, 38.715 drachmes 50, et le second, qui était de 10.000 fr., au change de 166 3/4, la somme de 16.633 drachmes 30. Sur ces sommes, et pour les travaux de déblaiement ordonnés directement par M. Homolle, nous avons versé déjà entre les mains du Directeur de l'Ecole 7.385 drachmes, y compris les 400 drachmes donnés en acompte sur le crédit de 2.550 drachmes ouvert pour l'installation des jeunes Belges déjà arrivés à Athènes.

Nous avons également versé 28.000 drachmes à notre entrepreneur, M. Mamay. Il nous reste encore à Athènes 20.343 drachmes ; de quoi répondre aux demandes qui peuvent nous être adressées d'un moment à l'autre. Je dois à ce propos vous signaler, Messieurs, le désintéressement de nos banquiers de Paris, MM. Mirabaud, Puerari et Cie, qui ont bien voulu s'associer à notre œuvre, en ne prélevant ni frais ni commissions sur les opérations qu'ils ont faites pour notre compte. J'ai cru devoir les en remercier, il y a quelques jours, au nom du Comité.

Malgré tout, cependant, il est certain que le crédit de 50.000 fr. ouvert par le Comité ne suffira pas à payer toutes les dépenses, et que nous devrons avoir recours, pour la différence, à la subvention qui a été promise à M. Casimir-Périer par le Ministre de l'Instruction publique.

Vous vous rappelez, en effet, Messieurs, les démarches que notre Président a bien voulu faire auprès de M. Leygues à ce sujet, et l'engagement que le Mi-

nistre a pris vis-à-vis du Comité. Il nous écrivait, à la
date du 7 juin 1900, « que le surplus des dépenses de
construction et d'aménagement de la section étrangère
de l'Ecole française d'Athènes, prises en charge par le
Comité jusqu'à concurrence des 50.000 fr. dont il dis-
pose, serait couvert par une subvention qu'il rece-
vrait du ministère en 1900 et 1901. » A la date du 29
juillet 1901, le Ministre renouvelait son engagement
en ces termes : « Les travaux étant encore en cours,
je me vois obligé d'ajourner l'exécution de la promesse
contenue dans ma lettre du 7 juin, mais elle est, bien
entendu, toujours valable et sera exécutée sur d'autres
exercices, dans le cas où la dépense dépasserait la con-
tribution du Comité. »

Il y a quelques jours encore, j'ai eu l'honneur
d'entretenir de la question M. le Directeur de l'Enseignement supérieur, qui a confirmé les intentions
bienveillantes du Ministre à notre égard et a poussé
la gracieuseté jusqu'à nous dispenser de lui fournir
les pièces justificatives de nos dépenses.

Tandis que la partie matérielle du projet s'achemi-
nait ainsi peu à peu vers sa réalisation, M. Casimir-
Périer, toujours préoccupé d'assurer une clientèle
à l'Ecole annexe, priait le Ministre de vouloir bien
établir le principe de la création d'une section étrangère à l'Ecole d'Athènes et d'en déterminer les conditions d'admission. Un premier décret parut le 21 janvier 1900. Mais ce premier décret, tout en reconnaissant
la part qui revenait au Comité dans la fondation nouvelle, passait sous silence le concours que vous étiez
disposé à donner pour une action ultérieure.

Il vous parut alors, Messieurs, qu'il y avait lieu

d'appeler la bienveillante attention du Ministre sur les inconvénients d'une omission qui nous condamnait à l'inaction. Vous aviez, en effet, jugé que le Comité, par son caractère d'indépendance, pouvait encore jouer un rôle utile, et que, conformément aux vœux exprimés dans le rapport de 1895, il pouvait, sans engager personne, servir d'intermédiaire officieux. Notre Président voulut bien encore être notre porte-paroles auprès du Ministre compétent, et, à la date du 14 juillet 1900, un nouveau décret a paru, qui vous donne toute satisfaction, et vous reconnaît le droit de présenter des candidats à l'agrément du Ministre. Outre qu'elle est flatteuse, cette décision a ceci de particulièrement avantageux qu'elle permettra d'agir toujours dans le même sens, et conformément aux principes directeurs qui sont la force et la raison d'être de notre Comité.

Vous n'avez pas eu l'intention, en effet, Messieurs, de créer une espèce d'établissement international, ouvert à tout venant, mais un foyer d'influence française, servant à grouper des sympathies et des intérêts de même ordre. Certes, il ne s'agit pas de fonder une chapelle fermée, et de dresser autel contre autel, mais à une époque où chacun ramasse toutes ses forces, il n'est pas mauvais que les impondérables qui gravitent autour de l'idée de droit, d'équité et de justice immanente se concentrent et s'unissent. Si l'École annexe, par le jeu d'une armée de jeunes érudits venant s'abreuver aux sources de la pure science française, puis répandant de retour chez eux les vérités acquises, pouvait rendre ce service, je pense qu'elle aurait bien mérité de la science et du pays.

Partageant ces vues et d'accord avec votre secré-

taire, le comte d'Ormesson a dressé, dans une lettre ré·
cente, la liste des pays où il lui semble que des démarches pourraient être faites. Ce sont la Belgique, la
Hollande, le Danemark, la Finlande, la Suède et la
Norvège certainement, le Luxembourg, la Bohème,
les Etats de la presqu'île des Balkans, la Roumanie,
l'Espagne. Dans une conversation que votre président
et votre secrétaire ont eue avec M. Delcassé au mois de
juillet dernier, le ministre a approuvé ces vues générales, tout en exprimant le désir que des démarches
soient également faites auprès du gouvernement Italien ; M. Casimir-Périer a bien voulu prendre la chose
en mains et faire les premières ouvertures, mais votre
bureau pense, Messieurs, que vous voudrez bien prêter
aussi le concours de votre haute influence et de votre
appui.

Bien qu'il en ait été déjà question dans mon précé-
dent rapport, permettez-moi de rappeler ici les conditions d'admission des élèves étrangers telles qu'elles
ont été établies par le décret du 21 janvier 1900 et
modifiées par celui du 14 juillet de la même année :

ART. I. — Il est institué une Section étrangère à
l'Ecole française d'Athènes.

ART. II. — Les membres de la Section étrangère
devront être agréés par le gouvernement français,
représenté par le ministre de l'Instruction publique.

ART. III. — Les candidats seront présentés à l'agrément du gouvernement français, soit directement par
leurs gouvernements, soit par l'intermédiaire du Comité
de patronage des étudiants étrangers de Paris.

ART. IV. — Les membres étrangers seront placés à

Athènes, sous l'autorité de leurs ministres respectifs et sous la direction du directeur de l'Ecole française.

Art. V. — Ils seront admis à l'usage de la bibliothèque et des collections de l'Ecole ; ils seront associés à ses travaux, conférences, fouilles et voyages de la manière qui paraîtra la plus conforme à leur éducation scientifique et aux intérêts de l'Ecole.

Art. VI. — S'ils reçoivent de leurs gouvernements des allocations spéciales pour fouilles et voyages, le directeur de l'Ecole, après avis des représentants des gouvernements intéressés, choisira la région des monuments à explorer et fera toutes démarches auprès des administrations compétentes pour obtenir les autorisations nécessaires et les facilités et sécurités désirables.

Art. VII. — Les élèves étrangers seront logés à Athènes dans un immeuble mis à la disposition de l'Ecole par le Comité de patronage des étudiants étrangers de Paris.

Les gouvernements étrangers ou le Comité de patronage devront s'engager à payer pour chacun d'eux, à titre de frais de service, une redevance annuelle déterminée par le ministre de l'Instruction publique.

Les frais de nourriture des membres de la Section étrangère seront à leur charge ou à celle de leurs gouvernements.

Pour ce qui est de la redevance, M. Homolle, consulté à ce sujet, pense qu'elle pourrait être fixée à la somme de 600 francs annuellement, et que ces 600 fr. devront être payés par l'Etat contractant, ou bien encore par une Université, une Association ou un individu, selon que l'étudiant sera à la charge d'un gouvernement, d'un Comité ou d'un particulier. Il pense, de plus, qu'en cas d'engagement perpétuel, la redevance devra toujours être payée par la partie contractante, même si la place n'est pas occupée, à moins qu'elle ne prévienne six mois à l'avance, et qu'en cas d'engagement temporaire ou intermittent, les demandes ne seront admises que si des places se trouvent libres, tous les contractants perpétuels ayant d'abord reçu satisfaction.

. .

Dans la dernière séance du Comité, il a été question de l'intérêt qu'il y aurait, au point de vue de l'influence française, à généraliser ce qui a été essayé et ce qui a réussi déjà en Ecosse et ailleurs, c'est à dire à remplacer par de jeunes universitaires français, les hommes de nationalité étrangère qui sont si souvent chargés dans les Ecoles et les Universités du dehors, de l'enseignement de notre langue et de notre littérature, au grand dommage de l'enseignement et au détriment de nos nationaux.

Fort de votre approbation, j'ai soumis à M. Casimir-Périer et remis ensuite à M. le Ministre de l'Instruction publique et à M. le Ministre des Affaires étrangères la note que voici :

Paris, 1er avril 1901.

MONSIEUR LE MINISTRE,

Tout le monde est d'accord pour reconnaître les services rendus à la cause de la langue et de l'influence françaises par les œuvres des missionnaires. Qu'ils soient protestants ou catholiques, qu'ils aient choisi pour champ de leur activité l'Amérique, l'Afrique, l'Océanie ou l'Asie, il est incontestable que tous, et proportionnellement à leur nombre, par leurs œuvres de charité et d'enseignement, par leurs hôpitaux et leurs écoles, servent d'une façon utile les intérêts du pays.

Pour si longue pourtant que soit la liste de ces milliers d'établissements français disséminés dans les cinq parties du monde, et pour si grand que soit le nombre des religieux et des religieuses qui vont créer ainsi au loin des foyers de vie française, il ne semble pas que les ressources dont la France peut disposer, pour grandir sa magistrature morale et intellectuelle, soient épuisées par là, et qu'aucune action parallèle ne puisse se développer à côté.

Ne peut-on pas se demander au contraire, étant donné que les champs d'activité des missionnaires se trouvent la plupart du temps dans des pays inférieurs en civilisation, et que leur enseignement est surtout primaire, sauf peut-être à Beyrouth et à Jérusalem, ne peut-on pas se demander, dis-je, pourquoi la France n'utiliserait pas les nombreux éléments que lui livrent chaque année ses brillantes Universités, en vue d'exercer aussi une action dans des pays arrivés à un plus haut degré de civilisation et de se faire une place dans leur enseignement supérieur ? M. Deschamps remarque dans une des intéressantes correspondances qu'il adresse d'Amérique au journal le *Temps*, que dans certaines Universités, à Yale, par exemple, la part faite dans les programmes au germanisme triomphant est hors de proportion avec le nombre d'heures qu'on accorde aux études françaises, et ce qui se passe à Yale n'est malheureusement pas un fait isolé. On le constate aussi ailleurs, même dans les pays latins d'Europe ou d'Amérique. Ainsi dans l'Argentine, où notre part a été cependant si grande au point de vue de la formation intellectuelle, morale et sociale du pays, on sent comme un arrêt dans l'expansion de notre langue. On l'explique par l'insuffisance de notre immigration comparée à celle de l'Italie ou de l'Espagne, et par la timidité relative de nos commerçants. Il est possible que ce soit vrai, pour l'Argentine, mais ailleurs n'y a-t-il pas d'autres raisons ? Dans un article sur l'état de la langue française au Chili, M. Bellessort nous montre l'Université de Santiago aux

mains de l'Allemagne, qui, par ses livres, ses méthodes, ses
professeurs surtout, tient toutes les avenues de l'avenir et
forme la jeunesse à son image. « On peut, dit-il, nous tenir
pour le peuple le plus vif et le plus divertissant de l'univers ;
mais quand il s'agit de philosophie, de science pure ou de
pédagogie, c'est par l'Allemagne que l'on jure. » Qu'on ouvre
en effet la *Minerva*, et l'on y verra que tous les professeurs
de l'Institut pédagogique de Santiago, c'est à dire de l'établissement destiné à former les maîtres qui enseigneront
plus tard dans les lycées et les collèges, sont d'origine
germanique ; que les directeurs des musées scientifiques
sont allemands ; enfin que dans les chaires des Facultés des
sciences physiques et mathématiques, de la Faculté de médecine, de la Faculté de philosophie, les professeurs de
nationalité allemande forment une importante minorité,
tandis que la France, sa science et son enseignement sont représentés par un entomologiste, ni plus ni
moins. Les conséquences d'un pareil état de choses sont
faciles à prévoir. Il est évident qu'à la longue, sous la
poussée constante d'efforts toujours renouvelés, la maîtrise
exercée par la France, dans le domaine de la pensée et de
l'art, sera mise en péril par une concurrence chaque jour
grandissante et que nous serons dépossédés de notre part
légitime dans l'éducation de l'humanité.

Il faut donc réagir, et en attendant que nous puissions
faire mieux, travailler à faire confier à des mains françaises
et à des mains autorisées l'enseignement de notre langue.
N'est-il pas triste de penser, en effet, que non seulement
nous avons abandonné aux étrangers le soin de former la
jeunesse aux disciplines scientifiques, dans la plupart des
Ecoles, des Universités du dehors, mais que même nous
leur livrons l'enseignement de notre propre langue et de
notre propre littérature ? Comment, dans ces conditions,
pourrions-nous maintenir le rang que devrait nous assurer
la supériorité du génie ? Car enfin nous ne pouvons
attendre de professeurs venus du Meklembourg ou du
duché de Bade, qu'ils sachent faire apprécier la beauté et le
charme de nos grands classiques, eux qui n'ont parfois

retenu de leurs souvenirs d'école qu'une estime dédaigneuse
pour les grandes œuvres de notre littérature, ou qu'ils créent
un courant de sympathie pour notre pays, eux qui sont si
rarement exempts de passions politiques ou de préjugés
nationaux ?

Il faut donc suivre l'exemple de l'Allemagne, et pour
commencer, chercher à introduire des éléments français
dans les écoles et les Universités étrangères. Nous avons
tout ce qu'il faut. Depuis la réorganisation de nos Universités, le nombre de nos diplômés, agrégés et licenciés allant
chaque année croissant, il y a aujourd'hui pléthore. Parmi
tous ces jeunes gens pleins de patriotisme et pleins d'ardeur,
nous savons aujourd'hui, au Comité de patronage, après
expérience faite, que l'on trouvera facilement de nombreux
missionnaires laïques, tout heureux d'aller porter au dehors
la belle et claire parole française et capables de créer des
foyers de culture d'où rayonnera l'influence de notre pays.

Nous avons vu, il y a quelques mois à Paris, un riche
négociant Parsi, qui a promis une somme de 5 à 6 millions
de francs pour doter l'Inde anglaise d'un Institut de recherches scientifiques. Son intention est de faire appel au corps
enseignant français, quand le moment sera venu, mais ce
cas est loin d'être isolé, et nous sommes certains que tout
ce qui pourra faciliter le recrutement de professeurs français sera bien accueilli à l'étranger. Nous en avons pour
garants les résultats déjà obtenus dans la Grande-Bretagne,
en Angleterre et en Ecosse, où nous avons réussi à faire
substituer aux Belges, aux Suisses, voire même aux Allemands, qui enseignaient dans les écoles, de jeunes diplômés
de nos Universités.

Malheureusement, l'action du Comité est limitée aux pays
où il a des relations, et elle est surtout conditionnée par la
bonne volonté de ses correspondants étrangers. Or, quel
que soit le dévouement qu'ils peuvent mettre à servir notre
cause, il est évident que leur zèle ne saurait égaler nos
besoins. Comme tout le monde gagnerait cependant à ce
que quelque chose fût tenté, ne pensez-vous pas, Monsieur

le Ministre, que la question pourrait être utilement mise à l'étude ? Nous avons constaté que, chaque fois qu'un professeur français arrivait dans une Université, il se créait aussitôt un cercle d'études françaises, que le nombre d'étudiants de langue française suivait à partir de ce moment une progression croissante, et nous croyons que si ce qui a été essayé en Écosse, avec des moyens imparfaits, était généralisé, étendu à d'autres pays d'Europe, d'Amérique et même d'Asie, on obtiendrait des résultats importants. Quand on voit le succès des hommes qui chaque année font quelques conférences devant les 1200 étudiants d'Haward, que ne pourrait-on espérer de l'action continue de jeunes universitaires qui seraient à demeure, et qui creuseraient pendant cinq ans, dix ans de suite, leur sillon journalier ? L'influence française en serait d'abord considérablement accrue, mais elle ne serait pas la seule à en bénéficier. Notre jeunesse universitaire y gagnerait, et même notre enseignement, car pour que le système donnât tout ce qu'il porte en puissance, il serait à désirer que tous les jeunes gens envoyés à l'étranger appartinssent à l'Université, et y rentrassent, leur stage fait, plus riches d'expérience et avec une conception élargie des hommes et des choses.

Il n'appartient pas au Comité d'exposer un plan détaillé des voies et moyens à employer pour obtenir l'objet en vue. Sa seule ambition est d'appeler aujourd'hui votre bienveillante attention sur ce qu'il a essayé en Écosse, et sur l'intérêt qu'il y aurait, par une action combinée du ministère de l'Instruction publique et du ministère des Affaires étrangères, à faire pénétrer, par l'action de missionnaires laïques, l'influence française dans les Universités et les Écoles de l'étranger.

A la suite de cette note, M. le Ministre des Affaires étrangères a bien voulu écrire au Comité, à la date du 3 août 1901, qu'il appréciait tout l'intérêt que présentaient nos communications des 24 mai et 30 juin dernier, relatives au recrutement des professeurs de français à l'étranger. « Après avoir consulté à ce sujet mon collègue au département de l'Instruction publique, je viens, ajoute-t-il, d'inviter nos représentants dans les principaux pays intéressés à me faire connaître leur avis sur les mesures à prendre en vue de donner suite à vos suggestions. »

Depuis lors, Messieurs, de nombreux rapports venant de Londres, de Madrid, de Rome, de Vienne, de Saint-Pétersbourg, de Stockholm, de Belgrade, de Buenos-Ayres, de Bombay, de Calcutta, de Montréal, etc., sont parvenus au Ministre qui a bien voulu nous en faire remettre des doubles. De la lecture de ces rapports, résulte d'abord l'impression que nous ne saurions nous fixer *a priori* une unique méthode de travail et qu'il y a autant de cas à envisager qu'il y a de pays différents. Nous espérons cependant qu'avec du temps et de la patience il nous sera possible de dégager certains principes généraux et de trouver le moyen pratique de jeter un pont, entre notre jeunesse qui brûle d'aller enseigner, et la jeunesse étrangère avide de boire à cette fontaine lumineuse qu'est l'esprit français. Certes les difficultés de la tâche sont grandes et nous ne saurions être assurés d'un succès immédiat, mais nous devons persévérer, car nous avons l'assentiment de ceux qui ont souci de l'avenir.

Grâce à la bienveillance de M. Liard, nous nous occupons en ce moment de trouver un successeur à M. Pedraza, professeur de français à Bombay. Le consul de France dans cette ville, M. Vossion, a signalé dernièrement l'intérêt qu'il y aurait à continuer, dans la communauté Parsi, l'œuvre momentanément interrompue par la mort.

Pour répondre à son appel, nous nous sommes adressés à M. Charles Garnier et à M. Landry, sur lesquels le Directeur de l'enseignement supérieur avait appelé l'attention du Comité. Nos premières démarches n'ont pas abouti, mais au cas où celles que j'ai entreprises à nouveau n'auraient pas plus de succès, je vous serais reconnaissant, Messieurs, si vous vouliez m'indiquer le nom d'hommes compétents.

Vous savez, Messieurs, combien ce poste de Bombay, déjà intéressant, peut le devenir encore davantage, à cause du mouvement qui se dessine au sein de la communauté Parsi.

Quelques riches marchands, patriotes convaincus, se sont groupés, en effet, il y a quelque temps et ont pris une initiative qui mérite toutes nos sympathies. Animés du noble désir de relever le niveau moral de leur pays et d'offrir à la science de nouveaux champs d'investigation, ils ont conçu le projet de fonder, à l'aide de savants Européens, une Université qui, à certains points de vue, aurait un caractère international.

Plusieurs de ces hommes de bien sont déjà venus en Europe pour en étudier les voies et moyens, et l'un d'eux, M. Tata, que j'ai eu le plaisir de présenter à M. Casimir-Périer, au moment de l'Exposition, a bien voulu promettre une subvention de 6 millions de francs.

Le désir de ces messieurs est de faire appel à tout le corps professoral européen et de faire une place très importante à l'élément français; mais combien cette place serait plus large, si d'ores et déjà un homme, comprenant la mission qui lui échoit, allait cultiver des sympathies qui ne demandent qu'à venir à nous. Je ne possède malheureusement pas à l'heure actuelle des renseignements précis sur le côté matériel de la situation qui est offerte à nos compatriotes ; mais j'ai écrit deux fois déjà à M. Vossion et j'ai lieu d'espérer que je serai fixé d'ici à quelques semaines.

A Paris, votre secrétaire s'est préoccupé, au cours de cette année, de rattacher à l'œuvre du Comité les œuvres similaires qui la complètent et l'élargissent. Il s'est mis en rapport avec les associations d'étudiants étrangers qui existent dans notre capitale, et s'est occupé tout spécialement d'une œuvre qui est due à l'initiative de quelques étudiants russes et qui s'appelle la Solidarité universitaire. Comme son nom l'inique, cette société a pour but d'établir un lien entre les étudiants fortunés et ceux qui ne le sont pas, en fournissant à ces derniers des travaux de traduction ou de copie.

Le but est plus facile à indiquer qu'à atteindre ; j'espère pourtant qu'avec beaucoup de patience et de bonne volonté, nous parviendrons, les étudiants qui en ont eu la première idée et moi qu'ils ont bien voulu inviter à collaborer à leur œuvre, nous parviendrons à sortir des difficultés inséparables d'un début. Il faut l'espérer, car l'étudiant étranger, qui nous vient des rives orientales de la Méditerranée, est souvent peu fortuné, et il serait à souhaiter qu'il pût augmenter, par son propre travail, les maigres ressources qu'il reçoit de chez lui, le Comité ne voulant et ne pouvant lui venir en aide, sauf dans des cas tout à fait exceptionnels, que pour le remboursement des droits universitaires (inscriptions et examens).

Une lettre que j'ai reçue le 11 décembre dernier d'un inspecteur de l'enseignement secondaire de Vienne et de la Basse-Autriche, a été l'occasion également pour nous de renouer nos anciens rapports avec l'Université Hall. M. Stéphane Kapp nous écrivait que les boursiers, que le gouvernement autrichien envoie à Paris pour y faire des études pratiques de langue française, ne retirent pas de leur séjour tout le profit désirable, et cela parce qu'ils recherchent trop peu les occasions d'entendre parler ou de parler eux-mêmes. J'ai pensé que la Résidence universitaire, avec ses bibliothèques, ses salons, ses soirées, la vie commune que Mme Chalamet y a organisée pour le bien et l'agrément de tous, pourrait répondre aux *desiderata* de l'inspecteur autrichien et en même temps combler une des lacunes de notre propre organisation. Vous apprendrez certainement avec plaisir, Messieurs, que cette œuvre se poursuit, grâce à une intelligente direction, dans des conditions favorables, et qu'elle développe chaque jour davantage les germes excellents qu'elle contenait dès la première heure. La Résidence universitaire tend en effet à se développer en une Cité Universitaire coopérative, et elle aspire aujourd'hui, par l'effort même des étudiants intéressés, à devenir une des attractions de la vie universitaire à Paris. J'ai reçu la visite de plusieurs d'entre eux et je vous demande la permission de continuer à suivre leurs efforts, en attendant qu'il nous soit possible de leur témoigner notre sympathie avec nos excédents de caisse, et autrement qu'en paroles. Dès l'origine, cette question si intéressante du logement de l'étudiant, dans des conditions de confort moral et matériel propres à défendre la jeunesse contre les influences et la promiscuité des hôtels garnis, nous a préoccupés ; dans une lettre que je vous avais communiquée, M. Cambon, alors ambassadeur à Constantinople, avait insisté sur la nécessité de créer, dans le plus bref délai possible, des maisons d'étudiants, si nous voulions réussir dans notre propagande. Vous savez, Messieurs, quelles difficultés nous avons rencontrées : difficultés d'ordre financier, difficultés d'organisation. Quand nous en avons parlé, peut-être les premiers, il y a de cela bientôt 12 ans, l'opinion était indifférente et sceptique. Elle ne croyait pas que notre jeunesse si ardente pût jamais se soumettre à une discipline volontairement consentie. Et voilà que les faits démentent ces prévisions pessimistes, que les étudiants eux-mêmes prennent la tête du mouvement et cherchent dans la coopération le moyen de créer des logements à bon marché, où il y aura de l'air, de l'élégance, du bon ton, et où une règle, qui se tiendra à égale distance de la discipline sévère de l'internat et de la licence de la chambre d'hôtel, permettra à la vie individuelle de se développer dans une atmosphère harmonieuse d'honnêteté et de liberté. Quel stimulant pour le Comité de voir ainsi germer, dans un sol qu'on jugeait peu approprié, la graine qu'il a jetée !

Je ne m'attarderai pas, Messieurs, aux menus faits de notre vie quotidienne. Je crois cependant devoir vous signaler les desiderata que nous expriment les étrangers dont nous recevons la visite. Ils regrettent qu'on ne leur accorde pas des certificats attestant qu'ils ont suivi tel ou tel enseignement de l'Université. Cela se fait, paraît-il, au Collège de France et à la Faculté de médecine. M. Berger avait essayé, dit-on, de l'introduire à la Faculté de théologie. Vous apprécierez, Messieurs, s'il conviendrait de faire des démarches auprès de M. le Recteur, pour le prier de porter la question devant le Conseil général des Facultés, à l'effet d'obtenir que des étudiants étrangers, qui ne sont pas assez forts pour affronter les épreuves du certificat d'études françaises, reçoivent néanmoins un certificat tout officieux, établissant qu'ils ont suivi régulièrement, pendant tant de semaines ou de mois, les cours de tel ou tel professeur.

D'autres étudiants, des Anglo-Saxons et des Américains, regrettent qu'ils ne puissent suivre à Paris des cours de médecine pendant la période des vacances. Nous avons déjà les cours de vacances de littérature et de langue organisés par l'Alliance française. On demanderait davantage. Je me permets de vous transmettre ce vœu, qui mérite toute votre attention (1).

D'Amérique on continue à réclamer de jeunes diplômés pour des chaires d'enseignement. Dernièrement un professeur de langues romanes, de la West Virginia University, nous écrivait qu'il y aurait place dans son département pour plusieurs jeunes maîtres désireux de joindre à leurs diplômes des titres américains. Malheureusement, les émoluments qu'il offre ne sont pas très élevés et je crains qu'on ne trouve pas encore beaucoup de Français disposés à s'expatrier pour acquérir seulement un parchemin de plus.

---

(1) Ce vœu a été exaucé. Il existe actuellement des Cours de vacances à la Faculté de médecine.

Je vous ai entretenus, il y a plusieurs années déjà,
de l'œuvre qu'a faite à Nancy M. Schahnazar, directeur du journal l'*Haïrenik*.

Je vous ai raconté alors ses efforts pour grouper à
Nancy un nombre important d'étudiants arméniens et
les résultats encourageants qu'il a obtenus.

Aujourd'hui il a une idée nouvelle ; il voudrait
servir les intérêts de la cause française en introduisant
dans les familles arméniennes des institutrices de sa
race, connaissant à fond la langue et la littérature de
notre pays. Persuadé que le meilleur moyen d'y réussir est de les faire élever dans nos écoles normales,
M. Schahnazar a ouvert une souscription parmi ses
compatriotes. Grâce au concours de votre Comité, il a
pu, il y a quelques années déjà, faire admettre quelques
jeunes filles dans l'école normale du chef-lieu du département de Meurthe-et-Moselle.

Malheureusement, les tristes événements que l'Europe déplore ont arrêté un instant son élan, mais il ne
se décourage pas et il ose compter sur notre sympathie.

J'ai eu le plaisir de le voir dernièrement et de causer
avec lui de ses projets. Son intention, aujourd'hui, est
d'agir surtout en Egypte, où il compte placer comme
institutrices 10 ou 12 jeunes filles ayant reçu une
éducation française.

Je lui ai conseillé de se mettre en rapport avec la
riche et nombreuse colonie arménienne du Caire et
d'obtenir des promesses de subventions annuelles. Si,
comme il en est convaincu, il peut arriver à constituer
un fonds de quelques milliers de francs, je pense, Messieurs, que vous ne refuserez pas à cette œuvre inté-

ressante le concours moral que vous donnez toujours à tout ce qui a un caractère d'intérêt général.

M. d'Hollys, directeur adjoint du Lycée de Galata-Séraï, continue à nous recommander des boursiers et à nous donner des preuves de la plus vive sympathie.

Dans sa lettre du 31 décembre dernier, il nous écrit : « Le Comité est la Providence des étudiants malheureux et j'en connais un grand nombre qui bénissent son nom. Il a été pour mes recommandés d'une bienveillance toute particulière et je lui en suis très reconnaissant. »

Avec l'Ecosse, nos rapports ne sont pas moins constants et pas moins cordiaux. Au printemps dernier, j'ai réuni, à la prière de M. Charles Martin, lecteur de langue française à l'Université de Glasgow, dans une petite fête de famille, un certain nombre d'étudiants écossais résidant à Paris, et j'ai envoyé à Glasgow un petit lot d'ouvrages de nos meilleurs auteurs, qui ont été donnés en prix aux étudiants les plus méritants des cours de français de l'Université. M. Martin se félicite de l'aide que nous lui avons prêtée en cette circonstance et des résultats qu'il a obtenus. Le nombre des élèves qui suivent ses leçons a augmenté dans de fortes proportions et une Société d'amis de la France s'est constituée, qui prospère et se développe chaque jour davantage.

A Edimbourg, l'influence française est aussi en progrès.

Comme à Glasgow, on y fait tous les hivers, et sous le patronage de la branche écossaise de l'Association franco-écossaise, devant un public de plus en plus nombreux, des cours et des conférences où sont traités successivement les sujets les plus variés, touchant à notre histoire littéraire, sociale et politique.

Pour subvenir aux frais de cette propagande spéciale, notre Président, M. Casimir-Périer, a bien voulu faire un don généreux de trois cents francs. Je ne doute pas, Messieurs, que je ne sois l'interprète de vos sentiments en le priant de vouloir bien accepter tous nos remerciements et l'expression de notre gratitude.

Dans un intérêt de propagande, votre Secrétariat a préparé, au cours de cette année, une petite brochure qu'il a fait traduire en anglais et qu'il compte, si vous l'approuvez, répandre dans les Universités de langue anglaise, en l'adressant nominalement à tous les professeurs. Cette brochure contient d'abord une courte préface où sont exposées les opinions que plusieurs professeurs américains, et notamment M. Newcomb, ont fait connaître en maintes circonstances, relativement aux avantages que leurs jeunes compatriotes retireraient d'une fréquentation plus suivie de nos Universités françaises, puis un tableau des diplômes universitaires et des certificats d'études créés récemment par nos différentes Universités, ainsi qu'un résumé des dispositions récentes prises par les Facultés, pour faciliter aux étrangers l'obtention de nos certificats d'études françaises.

Les cours et les conférences de toutes catégories à Paris ne manquent pas ; loin de là. Il semble pourtant, à en juger par certaines parties de la lettre de l'inspecteur autrichien dont je parlais tout à l'heure, qu'il y ait une lacune au point de vue de l'étude pratique de notre langue.

Si vous pensez, Messieurs, qu'il y a lieu de la combler, peut-être pourrions-nous instituer, au siège même du Comité, un cours de français élémentaire, et prélever sur notre budget une somme suffisante pour rétribuer la personne qui en serait chargée. Avec un léger droit de scolarité, la dépense ne serait pas très lourde, et nous répondrions, je crois, à un besoin réel. L'étranger trouve à Paris tout ce qu'il peut désirer au point de vue scientifique et littéraire, mais l'usage pratique de la langue, la prononciation ne sont enseignés nulle part. Nous comblerions donc une lacune, et si un premier et timide essai réussissait, nous pourrions donner à ces leçons tout le développement nécessaire, c'est à dire grouper les élèves par nationalité, de façon à rendre l'enseignement plus profitable.

Nos leçons de français ne feraient pas double emploi avec celles qui sont organisées par l'Alliance française, puisque ces dernières n'ont lieu que pendant les vacances.

Un mot encore, Messieurs, si vous le permettez, pour vous signaler les résultats qu'obtiennent dans certaines Universités quelques Comités de patronage ; bien que tous ces Comités soient autonomes, nous ne pouvons cependant rester indifférents à leurs succès, étant donné que bien souvent nous avons aidé à leur création et que parfois nous continuons à leur donner des subventions. A Nancy, le doyen de la Faculté des sciences, M. Bichat, qui depuis l'origine est le secrétaire du Comité, signale la présence de 63 étrangers inscrits à l'Université pour l'année de 1900 à

1901 et de 71 pour l'année courante. Ces chiffres sont moins élevés que ceux que je vous ai donnés précédemment ; ils sont suffisants pourtant pour témoigner de l'action bienfaisante de l'œuvre du patronage.

Mais c'est surtout à Grenoble que l'on peut mesurer tout ce que peut produire le dévouement individuel, quand il rencontre appui et soutien. Il y a quatre ou cinq ans encore, Grenoble était, comme centre d'études, entièrement ignoré de l'étranger.

Or il a suffi de la création d'un Comité de patronage et d'un peu de dévouement, chez ceux qui s'en occupent, pour changer la face des choses. En deux ans, le chiffre des inscrits est monté de 0 à 84. Le registre de la Faculté des lettres accuse, en 1900, 71 inscriptions, soit une augmentation de 17 étudiants sur le chiffre de l'année précédente et un accroissement de 62 sur celui de 1897-98. Parmi eux se trouvent 60 Allemands.

De plus, des cours de vacances ont été organisés, dont les résultats (1) dépassent toutes les prévisions. Inaugurés en 1898, avec 33 élèves, ils n'ont pas compté moins de 284 auditeurs l'année dernière. Il faut dire, à la vérité, que Grenoble n'épargne rien pour attirer l'étranger et que, comme nous l'avions prévu, quand nous avions conseillé la création d'un Comité de patronage dans le Dauphiné, toute la population s'associe à une œuvre dont elle juge l'action bienfaisante, non seulement aux intérêts de la science

(1) En ce moment, c. à d. en 1903, le chiffre atteint est de près de 600.

et de l'Université, mais aussi aux intérêts propres de la région.

Pour conclure, il ne me reste plus, Messieurs, qu'à vous citer les chiffres de notre bilan et le mouvement de notre caisse.

Nous avons dépensé pour l'Ecole annexe ou versé à notre compte d'Athènes, la somme de 35.270 fr. 25 centimes, et pour cela nous avons réalisé 20 obligations Est nouvelles au prix de 453.75 et 22 autres au prix de 457.50. Il nous reste encore 11 obligations Est nouvelles ; 1 obligation Est ancienne ; 49 obligations Orléans 2 1/2 et 3 obligations Midi. Nous avons payé avec des fonds fournis par les ministères de l'Instruction publique et des Affaires étrangères aux quatre boursiers envoyés à Paris par le Patriarcat arménien catholique de Constantinople, 4.800 francs, et sur nos propres ressources nous avons remboursé à 59 étudiants boursiers recommandés par des Universités étrangères, les Patriarcats d'Orient, le Lycée de Galata-Séraï, l'Ecole française de droit du Caire, ou bien encore par le ministère de l'Instruction publique de Paris, la somme de 5.121,40 ; nous avons adressé à M. Bichat la somme de 610 francs pour payer les droits universitaires de quelques étudiants de Nancy, et par une subvention de 500 francs, nous avons participé à l'œuvre de propagande et d'influence faite, à l'occasion du jubilé de l'Université et de l'Exposition de Glasgow, par l'Ecole internationale de l'Exposition. Les dépenses du secrétariat se sont élevées à la somme de 1.628 fr. 05.

Au premier janvier, nous avions en caisse 10.280 fr. 68, plus, ainsi que je l'ai dit plus haut, 64 obligations de chemin de fer, de quoi suffire donc largement aux engagements que nous avons pris, et au paiement des sommes qui restent encore dues aux entrepreneurs d'Athènes.

PAUL MELLON.

RAPPORT SUR L'INAUGURATION

de la Section étrangère de l'Ecole française d'Athènes.

MESSIEURS,

C'est le 3 avril 1902 que le bâtiment dont vous aviez décidé la construction a été inauguré. Edifié sur les plans de M. Tournaire, architecte du gouvernement, et élevé sur le terrain donné à la France par la Grèce, il présente l'aspect d'une villa italienne et, comme l'écrivait M. Homolle, donne l'impression d'une chose simple, mais élégante et d'une exécution soignée. L'immeuble se compose de 2 étages. En sous-sol, la cuisine et les services ; au rez-de-chaussée, la salle à manger et la bibliothèque ; dans les étages supérieurs, les logements des élèves. Du second, la vue embrasse la ville d'Athènes, l'Acropole et la mer, et les élèves, que le sort favorisera, jouiront du spectacle merveilleux du Rocher sacré éclairé des derniers rayons du soleil. Tout autour, un espace suffisamment grand, que des fleurs et des arbustes verts égaient de couleurs vives et relient au jardin de l'Ecole où flotte l'ombre des orangers et des mimosas.

Pour la fête d'inauguration, l'administration de l'Ecole s'était mise en frais. Toutes les fenêtres étaient pavoisées. Des guirlandes de feuillages accompagnaient de leurs festons les balustres de pierre ou les appuis

de bois, et l'ensemble avait pris, grâce à l'active sur-
veillance et aux soins de Mme Homolle et de ses aima-
bles filles, un air joyeux et coquet.

A 11 heures, la grande salle de l'Ecole était pleine.
M. Homolle, que le Comité de Paris avait laissé entièrement libre d'arranger les choses à sa guise, avait
fait coïncider la cérémonie avec l'arrivée de la croi-
sière des touristes du Niger, et c'est devant un parterre
de membres de l'Institut, de professeurs d'Universités,
de notabilités françaises et étrangères, que la séance
fut ouverte.

Le Comité de patronage des étudiants étrangers était
représenté par M. Paul Mellon, son secrétaire général,
qui avait été spécialement chargé, par M. Casimir-
Périer, de prendre la parole et de faire la remise des
locaux. Le ministre de l'Instruction publique s'était
fait représenter par M. Bayet, le directeur de l'enseignement supérieur ; et l'Académie des Beaux-Arts et
des Inscriptions et Belles-Lettres, par M. Roujon,
directeur des beaux-arts. Avant la séance, M. Paul
Mellon avait fait remettre à Sa Majesté le Roi et aux
membres de la famille royale, aux invités de marque,
ainsi qu'aux hommes les plus en vue de la société
athénienne dans les lettres, les arts, les sciences ou
la politique, un exemplaire de l'acte de remise de
la propriété. Le texte à la fois en grec et en français,
imprimé sur parchemin ou sur Japon, était accom-
pagné d'un dessin dû au crayon d'un de nos artistes
les plus distingués. Ce dessin représentait les traits de
deux jeunes filles d'âge différent, dont l'aînée souhaite
la bienvenue à la cadette. Une guirlande de feuilles de
laurier, parsemée de cartouches qui portaient les noms

des cinq directeurs de l'Ecole, depuis l'origine, MM. Daveluy, E. Burnouf, A. Dumont, Foucart, Homolle, et de ses deux fondateurs, M. de Salvandy, ministre de l'Instruction publique, et M. Piscatory, ministre de France à Athènes à l'époque, lui servait d'encadrement.

Le texte, en grec et en français pour les membres de la famille royale, en français et en grec pour nos compatriotes, portait la signature du président et du secrétaire général du Comité de patronage. Il était ainsi conçu : « Inauguration de la Section étrangère de l'Ecole française d'Athènes le 3 avril 1902. Emile Loubet étant président de la République française, Georges Ier, roi des Hellènes. Le Comité de patronage des Etudiants étrangers et, en son nom, M. Casimir-Périer, président, M. Paul Mellon, secrétaire général, délégué à cet effet, font, ce jour, remise de cette Ecole annexe à M. le Comte d'Ormesson, ministre plénipotentiaire de France en Grèce, et à M. Homolle, membre de l'Institut, directeur de l'Ecole française.

» Ce bâtiment a été construit aux frais du Comité sur un terrain donné à la France par la Grèce, Son Excellence M. Théotokis étant président du Conseil des ministres.

» Les plans ont été établis par M. Albert Tournaire, architecte, ancien pensionnaire de l'Académie de France à Rome. L'Ecole annexe est ouverte à des savants étrangers désireux d'étudier la Grèce antique sous les auspices de la France. »

Σήμερον, ἐκ μέρους τοῦ ἐν παρισίοις προστατευτικοῦ Συλλόγου τῶν ξένων φοιτητῶν, οἱ ἐντεταλμένοι Κ. Κ. Κασιμὶρ Περιὲρ πρόεδρος, καὶ Πολ. Μελλόν γενικὸς γραμματεὺς παραδίδονται τοῦτο τὸ παράρτημα τῆς γαλλικῆς Σχολῆς τῷ Ἐξοχοτάτῳ Κ. Δορμησσον, πρέσβει τῆς γαλλικῆς Δημοκρατίας ἐν Ἑλλάδι, καὶ τῷ Κ. Ὁμόλ, μέλει τοῦ Γαλλικοῦ Ἰνστιτούτου Διευθυντῇ τῆς Γαλλικῆς ἐν Ἀθήναις Σχολῆς.

Ἀνηγέρθη τοῦτο τὸ παράρτημα δαπάναις τοῦ Συλλόγου, ἐπὶ οἰκοπέδου δωρηθέντος τῇ Γαλλίᾳ ὑπὸ τῆς Ἑλλάδος, πρωθυπουργοῦντος τοῦ Ἐξοχοτάτου Κ. Κ. Θεοτόκη.

Τὸ διάγραμμα ἐξεπονήθη ὑπὸ τοῦ Κ. Λ. Τουρνάιρ ἀρχιτέκτονος, πρώην μέλους τῆς ἐν Ῥώμῃ Γαλλικῆς Ἀκαδημίας.

Τὸ παράρτημα τῆς Γαλλικῆς Σχολῆς δέχεται ξένους λογίους ἐπιθυμοῦντας νὰ σπουδάσωσι τὴν ἀρχαίαν Ἑλλάδα τῇ πρωτασίᾳ τῆς Γαλλίας.

Voici d'ailleurs, pour plus de détails, le compte rendu de la cérémonie, tel qu'il a été publié le jour même par le *Messager d'Athènes* :

Jeudi, à 11 heures, a eu lieu l'inauguration de la Section étrangère de l'Ecole française d'Athènes.

La salle de réception était trop petite pour contenir les invités de M. Homolle, qui en faisait les honneurs avec sa courtoisie habituelle. MM. Zaïmis, président du Conseil, les ministres de la guerre, de l'instruction publique et des finances, plusieurs membres du corps diplomatique, les anciens ministres des affaires étrangères, Déligeorges, Scouzès et Romanos, les directeurs et pensionnaires des Instituts archéologiques étrangers, le prytane de l'Université d'Athènes, l'éphore général des antiquités, des savants et des lettrés avaient répondu à l'invitation de l'Ecole française. Aussi a-t-on pu dire, avec raison, que c'était une des plus belles fêtes de l'esprit que l'on ait encore vue à Athènes. Ajoutons, pour ne rien omettre, que l'ordonnance de cette fête a été de tous points admirable.

A onze heures et demie, M. Homolle donna la parole à M. Paul Mellon, qui a prononcé au milieu d'un silence religieux, interrompu de temps en temps par les applaudissements les plus chaleureux, le discours qu'on va lire.

MONSIEUR LE PRÉSIDENT,
MESSIEURS,

Je ne veux point chercher à dissimuler l'émotion que je ressens, en me levant, pour prendre la parole, ici, dans cette enceinte et en présence des représentants si éminents et si autorisés de la Science et du Pouvoir. Mais l'absence forcée du Président du Comité de patronage des Étudiants étrangers, M. Casimir-Périer, et de nos membres les plus influents retenus à Paris par leurs occupations et leurs devoirs professionnels, m'a fait une nécessité, non pas de les remplacer — je n'aurais pu, ni n'aurais su — mais de venir vous apporter l'expression de tous leurs regrets et de toutes leurs sympathies. Et tout d'abord qu'il me soit permis de m'acquitter du message dont ils ont bien voulu me charger, et de vous exprimer en leur nom, à vous Messieurs les membres du gouvernement hellénique, qui voulez bien rehausser par votre présence l'éclat de cette fête, à vous M. le Ministre de France, dont la haute influence nous a été d'un si précieux concours, à vous M. le Directeur de l'Ecole d'Athènes, nos sentiments de profonde gratitude pour les marques que vous nous avez données d'une bienveillance qui ne s'est jamais lassée.

D'autres voix plus autorisées que la mienne vous diront tout à l'heure combien la France a été reconnaissante de l'acte spontané de S. E. M. Théotokis, président du Conseil, déposant son projet de loi sur le bureau de la Chambre hellénique et du vote qui l'a suivi.

Mon rôle est plus modeste. Je ne peux pourtant pas ne

pas faire entendre aussi une parole de gratitude émue pour ce don royal d'un terrain qui seul a permis aux efforts combinés de M. Homolle et du Comité de réaliser enfin une idée qui avait déjà point aux premiers jours de la création de l'École d'Athènes et qui depuis n'avait jamais cessé de préoccuper les esprit.

Rome doit tout ce qu'elle a eu de large, de généreux, de libéral à la culture grecque. Sous l'influence de la beauté divine qui respire dans toutes les œuvres du génie hellénique, la raideur impérieuse et étroite de ce peuple de soldats et de juristes s'assouplit. La Grèce avait donné au monde le sentiment de l'humain, Rome en recueillit l'héritage, et le transmit aux âges futurs.

Aujourd'hui, comme alors, l'humanité regarde vers la Grèce amie et hospitalière, et c'est vers l'Acropole que s'acheminent en longues théories les fervents du culte de l'Idéal.

En construisant ce bâtiment dont vous avez la garde, Monsieur le Directeur, le Comité a voulu que ceux qui sont désireux de s'inspirer des leçons de la Grèce antique puissent y recevoir l'hospitalité à côté de l'ancienne école. Sans craindre d'être démenti, je peux affirmer qu'ils ne sauraient trouver nulle part ailleurs un accueil plus bienveillant que celui que vous leur réservez, et un guide plus sûr que le savant éminent qui par ses admirables fouilles de Délos et de Delphes a mis une auréole de plus à l'œuvre de la science française en Orient.

Sur ce parchemin que j'ai l'honneur de vous remettre, l'artiste a symbolisé les deux écoles, l'École d'Athènes et l'École annexe, sous les traits de deux sœurs d'âge différent.

Dans un paysage classique aux lignes harmonieuses, l'aînée accueille la cadette et lui dit un mot de bienvenue, tandis que dans le lointain le Pentélique et le Parthénon dessinent leurs lignes et leur profil. L'artiste n'a pu fixer qu'un instant de leur existence commune, mais nous pouvons nous en figurer les phases successives.

Ce soir, à la clarté des étoiles, sur cette exèdre dont les parois de marbre ajoutent par leurs lignes architecturales

au caractère de l'ensemble, assises, les deux sœurs cause-
ront dans l'intimité d'une conversation familière. Puis
demain, à l'heure de l'aube matinale, dans cette ruche où
tant de belles choses ont été déjà accomplies, gracieuses et
souriantes à tous ceux qui viennent des contrées lointaines
de l'Ouest et du Nord, elles travailleront, dans un sentiment
d'entente cordiale et de foi radieuse, à l'œuvre commune, et
enrichiront ensemble le trésor déjà exhumé et que la Grèce
antique a légué à l'humanité tout entière pour son ascen-
sion vers la poésie, la science et la souveraine beauté.

Muses Piérides, vous dont les chœurs rythmés se dérou-
laient jadis en cadence sur les pentes fleuries de l'Hélicon,
soyez, avec Pallas Athénée, les divinités tutélaires de cette
nouvelle école qui sera bientôt aussi, à l'instar de sa sœur
aînée, une garde avancée de la culture française, au foyer
même d'où jaillit la première flamme de la civilisation universelle, et qui est déjà par le simple fait de son existence
comme l'expression de l'une de nos traditions nationales les
plus chères et les plus constantes.

M. Paul Mellon donne alors lecture du texte de l'acte
de remise.

M. Homolle, dont nous regrettons vivement, et nos
lecteurs partageront nos regrets, de ne pouvoir repro-
duire le discours, a fait ensuite avec la lucidité d'esprit
qui le distingue et un heureux choix d'expressions,
l'historique de la Section étrangère. Il a parlé en excellents termes de tous ceux qui ont collaboré à l'œuvre,
oubliant seulement — les vrais savants sont toujours
modestes — qu'elle est due surtout à son initiative et
que les difficultés dont on a parlé ont été vaincues
surtout par sa persévérance de tous les instants, persévérance qui lui a valu de si légitimes succès dans le
vaste domaine de l'archéologie hellénique. Il est vrai
que les orateurs qui l'ont suivi ont comblé cette lacune

et qu'il aurait pu dire avec un grand homme du
XVIIIᵉ siècle : « Vous m'étouffez sous les fleurs. »
Fleurs de rhétorique, dira-t-on, mais qui brillent et
embaument plus longtemps que les autres.

Est venu ensuite M. Bayet, ancien pensionnaire de
l'Ecole d'Athènes, délégué de M. Leygues, qui a tenu,
qu'on nous passe ce vieux cliché qui rend bien toute
notre pensée, sous le charme de sa parole imagée
l'auditoire d'élite qui l'écoutait avec une admiration
toujours grandissante. Le passage de son discours sur
la civilisation byzantine a réconforté ceux qui voyaient
avec tristesse la Grèce byzantine calomniée et mé-
connue. Voici, *in extenso*, le magnifique discours de
M. Bayet :

MESSIEURS,

M. le Ministre de l'Instruction publique eût été heureux
de présider cette cérémonie au nom de la France. Il aime les
lettres, il aime les arts, par son esprit et par ses goûts il est
fils de la Grèce. C'est par ses soins qu'a été signé, le 14 juillet
1900, le décret qui ouvre toutes larges les portes de l'Ecole
française aux amis de la France.

Si les devoirs de la politique le retiennent loin de nous,
c'était à son meilleur collaborateur, à M. Liard, directeur de
l'enseignement supérieur, que revenait l'honneur de le représenter et de nous apporter ses vœux et ses regrets. Tous
ceux qui ont été mêlés à l'histoire de notre école savent
avec quelle sollicitude affectueuse M. Liard a veillé à son
développement, quelle haute idée il se fait du rôle qu'elle
doit remplir. Son amitié m'a laissé la très douce joie d'oc-
cuper ici une place qui lui appartenait. Je n'y ai d'autre
droit que d'être l'ancien qui revient, après vingt-cinq ans
d'absence, à la maison maternelle et qui, dans cette ville de
beauté, à chaque détour du chemin, croit voir sa jeunesse lui
sourire et lui montrer la route.

Au nom de M. Leygues et du gouvernement de la République, je prie les représentants du gouvernement hellénique qui assistent à cette cérémonie, d'agréer et de faire agréer à leurs Majestés Royales l'hommage de notre profonde reconnaissance. C'est sur le sol donné par la Grèce que s'élève le nouveau bâtiment de l'École Française. Tous ceux qui se succèderont dans cette École s'en souviendront : au culte de la Grèce antique ils sauront associer l'amour de la Grèce moderne, ils sauront apprécier ce que vaut le peuple qui, en moins d'un siècle, a su transformer ce pays, développer son industrie et son commerce, et, comme aux temps antiques, faire pénétrer de toutes parts son action dans le monde méditerranéen. Dans l'avenir comme dans le passé, l'École Française d'Athènes ne sera pas seulement un centre d'études savantes, elle entretiendra, elle fortifiera ses sentiments de sincère et fraternelle affection qui unissent la Grèce à la France.

J'exprime notre vive gratitude au Comité de patronage des étudiants étrangers qui a donné les 50.000 fr. nécessaires à la construction de ce bâtiment. Je prie son actif et dévoué secrétaire, M. Mellon, d'être l'interprète de nos sentiments auprès du président du Comité, M. Casimir-Périer, l'ancien président de la République, qui tient à rester le président d'œuvres françaises. Nous sommes heureux d'ailleurs que cette construction soit due à l'initiative privée ; ce fait prouve qu'en France, en dehors du monde officiel, on comprend ce qu'est l'École Française d'Athènes et dans quelle large mesure elle peut servir en Orient les intérêts de la patrie.

Je remercie aussi notre ministre en Grèce, M. d'Ormesson, qui sait qu'à Athènes il représente le ministre de l'Instruction publique et des Beaux-Arts autant que le ministre des Affaires étrangères, et qui, en toute circonstance, est pour l'École et pour son directeur un collaborateur et un ami.

Mais toutes ces bonnes volontés, mon cher directeur, c'est vous qui les avez provoquées, c'est vous qui les avez groupées. Ma vieille amitié se réjouit de toutes ces sympathies que je sens autour de vous et que vous avez méritées par

4

tant de vaillante énergie, par un dévouement si intelligent à la science et à la patrie. Car vous n'êtes pas un archéologue de cabinet, vous aimez l'action, et, à vivre dans les siècles passés, vous n'avez pas perdu le sens de la vie moderne.

Dans la bibliothèque de l'Ecole vous avez placé le buste d'un homme pour la mémoire duquel nous avons l'un et l'autre une reconnaissance vraiment filiale. Albert Dumont, cette intelligence si ouverte et si fine, ce cœur si généreux, était lui aussi un bon Français et un bon philhellène. Il aimait ce pays dont il goûtait si vivement le charme pénétrant, et il voulait que la France y fût aimée. Vous êtes le digne héritier de ses pensées et de ses projets. Voici douze ans que vous êtes ici, vous vous y êtes si étroitement attaché et vous avez si bien su le faire aimer autour de vous que vos enfants, hier encore devant moi, protestaient à la pensée de le quitter. Dans toutes ces œuvres que vous avez entreprises et qui sont l'honneur de la France, vous avez mis toute votre âme. L'autre jour à Delphes, quand vous nous expliquiez avec une simplicité si éloquente ces fouilles qui vous ont coûté dix ans d'efforts, vous nous apparaissiez comme l'homme aimé des dieux qui, après de longs siècles de barbarie, pénètre dans leurs sanctuaires oubliés et recueille pieusement les débris mutilés de leurs statues pour les redresser sur leurs piédestaux et les restituer à notre admiration. Et nul de nous n'a oublié votre émotion qui allait presque jusqu'aux larmes quand vous nous présentiez ce bras brisé d'éphèbe où l'artiste avait mis toute la force et toute la grâce de son génie.

Que n'est-il là notre cher maître Albert Dumont pour assister à cette fête qui eût réjoui son cœur, fête vraiment panhellénique, car elle réunit dans une même pensée, dans un même culte du vrai et du beau, ceux qui se déclarent les fils de l'antique Hellade, ceux qui veulent vivre de son âme, et les luttes qui s'engagent ici entre des écoles animées du même esprit sont des luttes pacifiques, dont l'humanité a le droit d'être fière, et où chacune des nations qui y prennent part se réjouit et profite des victoires de ses émules.

L'Ecole Française d'Athènes peut aussi rappeler en ce

jour que, dès ses origines mêmes, elle devait ouvrir ses portes aux nations amies. Dès 1846, le ministre de l'Instruction publique déclarait que des élèves belges y seraient admis en même temps que des élèves français. Deux élèves belges devaient faire partie de la première promotion. Et quand on demanda au ministre de l'Instruction publique, M. de Salvandy, ce qu'on devait faire pour eux, il répondit : « Les traiter comme des Français. » Si des circonstances fortuites ont alors empêché la réalisation de ce projet, en le reprenant et en l'élargissant aujourd'hui, nous restons fidèles à la pensée de ceux qui ont fondé cette École, et nous sommes heureux que les premiers qui en bénéficient soient des Belges, car la Belgique n'est pas seulement pour la France une voisine, mais une amie et une sœur, et, d'autre part, la Grèce l'accueille avec d'autant plus de sympathie que la Belgique a retrouvé aux mêmes jours qu'elle sa liberté.

A ceux qui viendront se grouper autour de la France, à ceux qui viendront demander l'hospitalité de cette maison, nous pouvons dire, empruntant les paroles d'un de vos poètes : « Étrangers, ou plutôt amis, vous êtes ici dans la plus noble des contrées ; ici pousse l'olivier au pâle feuillage, jamais une main étrangère ne pourra l'extirper du sol, car l'œil toujours ouvert de Zeus, protecteur des oliviers sacrés, et Athéna, aux yeux bleus, veillent sur lui. » Vous êtes dans le pays où, pendant plus de vingt siècles, la civilisation s'est épanouie sous des formes toujours nouvelles, à ce point que nous éprouvons comme une angoisse de ne pouvoir jamais en pénétrer tous les mystères.

Et en effet, à mesure que s'étend le champ des recherches sur l'histoire et les arts de la Grèce, notre admiration réfléchie grandit et s'accroît. Dans le plus lointain passé, au delà de cette civilisation homérique qui nous semblait jadis si obscure, nous apparaît maintenant, grâce à des fouilles récentes, la civilisation égéenne. La Crète dont Thucydide, dans quelques lignes brèves et précises, faisait pressentir le rôle prépondérant à l'aurore de la société grecque, se révèle à nous comme le berceau d'une brillante civilisation dont l'action s'est propagée à travers le monde hellénique. Et, à

l'autre extrémité de la longue série des siècles, voici que la
civilisation byzantine, il y a un demi-siècle encore si mal
connue et si calomniée, se dégage des ténèbres dont
l'avaient enveloppée l'ignorance et les préjugés, que nous la
voyons rayonner dans les ténèbres du premier moyen âge
sur l'Occident encore barbare et y étendre son influence
sur les origines mêmes de l'art roman et de l'art italien.

Mais sur cette terre si féconde en souvenirs, Athènes reste
la cité noble entre toutes, la cité douce et bienfaisante qui,
selon les belles paroles de Lucrèce, a illuminé la vie d'un
sourire consolateur.

> Primæ frugiferos fretus mortalibus ægris
> Dididerunt quondam præclaro nomine Athenæ
> Et recreaverunt vitam legesque rogarunt
> Et primæ dederunt solatia dulcia vitæ.

Athènes est la cité que nous avons toujours de nouvelles
raisons d'aimer, parce que toujours l'antiquité s'y offre à
nous sous des aspects nouveaux. J'en prends à témoin ces
divines κόραι dont le sourire mystérieux nous accueillait hier
à l'Acropole et qui nous révèlent un art dont nul ne soup-
çonnait il y a vingt ans la sincérité et la grâce exquise.
Longtemps le sol sacré les a pieusement enveloppées dans
son sein pour les soustraire à de barbares injures et pour
les rendre à notre culte dans toute la fleur de leur immor-
telle jeunesse.

Vous parcourerez la Grèce, mes jeunes amis, mais vous
vivrez à Athènes. Croyez-en un ancien — vous êtes dans un
pays où on respectait et où on écoutait les vieillards — tra-
vaillez vaillamment, mais surtout emplissez-vous l'âme et
les yeux de ces radieuses visions qui vous suivront au milieu des luttes, des misères, des banalités quotidiennes et
qui seront comme la force et le sourire de votre vie.

Je me tourne en terminant vers la colline sacrée, antique
sanctuaire de dieux toujours jeunes et beaux, vers ce rocher
d'où la lumière a rayonné sur le monde, et je supplie Athéné
Parthénos, fille de l'intelligence de Zeus, déesse des nobles
pensées, d'étendre sa protection sur cette demeure et sur

tous ceux qui viendront y travailler, le cœur plein de piété
pour la Grèce antique, plein d'affection pour la Grèce moderne.

L'orateur a été souvent interrompu par des applaudissements, qui
redoublèrent à la péroraison, belle prière que les amis de la Grèce
auraient voulu pouvoir écouter à genoux.

M. le comte d'Ormesson, ministre de France, a dit
le discours suivant qui a fait sur l'assistance une impression d'autant plus agréable qu'on discernait sans
peine, sous la réserve diplomatique qui lui était imposée,
les sentiments qui l'animent envers l'Ecole, la France
et la Grèce. Aussi n'a-t-on pas ménagé les applaudissements au sympathique représentant de la République française.

J'hésiterais, Messieurs, à prendre la parole dans cette
assemblée, entre les brillants orateurs que vous venez d'ap-
plaudir et ceux que vous allez écouter avec un égal plaisir,
si je n'étais soutenu par cette pensée que la voix du représentant de la République française doit s'associer à celle
des éminents délégués du ministre de l'Instruction publique
et de l'Institut, à celle spécialement du directeur de l'Ecole
d'Athènes, pour essayer de caractériser l'œuvre dont nous
posons aujourd'hui le couronnement, et pour remercier tous
ceux qui lui ont prêté le concours de leur charge et de leur
autorité, apporté sans hésiter leurs capitaux ou leurs soins
les plus dévoués.

Il y a quatre ans, Messieurs, presque jour pour jour,
M. Homolle, à l'occasion du cinquantenaire de l'Ecole, solennité à laquelle, débarqué de la veille en Grèce, j'avais la
vive satisfaction de pouvoir participer comme début de ma
mission, M. Homolle, dis-je, me confiait ici ses projets, ses
espérances et ses plans pour l'extension et l'avenir de la sa-
vante institution qu'il dirige depuis douze ans avec une
autorité, un dévouement et un succès auxquels je suis heureux de pouvoir rendre un public hommage. Or, malgré

toutes les bonnes volontés rencontrées, toutes les adhésions obtenues, tous les concours offerts et apportés, il n'a pas fallu moins de quatre années pleines et d'une série d'efforts soutenus pour aboutir à la réalisation du programme alors esquissé.

C'est qu'en administration — beaucoup de ceux qui m'entendent le savent pour l'avoir pratiqué — on doit toujours compter avec les difficultés de détail, les formalités et les lenteurs. Mais j'ajoute bien vite que la difficulté vaincue grandit la satisfaction du résultat acquis, la valeur de l'œuvre accomplie, et je pense que c'est pour nous donner cette satisfaction d'ordre raffiné qu'on nous a fait attendre un peu le plaisir de vous recevoir ici, de pouvoir offrir le tribut de nos remerciements à tous ceux à qui nous le devons.

Ces remerciements, je les adresse au nom de la République française à tous ceux qui ont apporté leur pierre à l'édifice : d'abord au Gouvernement et au Parlement Hellénique, aux membres des ministères présents et passés, car c'est à eux, à leur bon vouloir, à leurs libéralités, que nous devons la première base de cet édifice, le terrain sur lequel la construction que nous admirerons tout à l'heure a pu s'élever ; — ensuite à la municipalité d'Athènes, dont les bonnes dispositions ne nous ont jamais fait défaut et qui eût voulu associer plus étroitement son nom à l'accomplissement, comme il avait été uni aux débuts de l'entreprise, — au Comité de patronage des étudiants étrangers de Paris, dont je salue de loin le président, M. Casimir-Périer, avec le regret de ne pouvoir lui offrir ici l'hommage de ma respectueuse gratitude, Comité qui, avec une générosité et une persévérance que je ne saurais trop louer, nous a fourni les moyens de mettre en valeur le terrain donné, d'édifier aux côtés de notre glorieuse et déjà vieille Ecole, des bâtiments nouveaux qui perpétueront sur la terre athénienne le souvenir de ses intelligentes initiatives ; — au directeur de l'Ecole d'Athènes, âme agissante de l'œuvre, qui en a conçu la pensée et a su la mener à bonne fin, à travers les obstacles rencontrés sur la route ; — aux architectes et entrepreneurs qui en ont été les têtes et les bras ; — à vous tous, enfin,

Messieurs, qui, par votre présence ici, rehaussez cette solennité, contribuez à lui donner, avec son éclat, sa véritable signification,

Cette signification, Messieurs, vous la connaissez déjà. La France, par la création de l'École annexe, a simplement voulu continuer et développer l'œuvre qu'elle poursuit en Grèce depuis un demi-siècle ; elle a voulu, dans ce domaine de l'esprit, où elle peut se réclamer du privilège du décanat, où elle rivalise de courtoisie et cordiale émulation avec les nations qui, suivant son exemple, sont venues à leur tour creuser le champ fécond de l'antiquité hellénique et récolter ses fructueuses moissons, offrir aux pays amis qui ne peuvent songer à élever un Temple personnel à l'art, aux lettres et aux sciences, la participation des trésors qu'elle a amassés, documents, bibliothèque, traditions, enseignement. Elle prouve ainsi, une fois de plus, que l'art et la science sont d'ordre international, qu'ils offrent une des meilleures bases d'entente, d'union et de rapprochement entre les races qui forment l'humanité, et que la République, fidèle aux généreuses tendances des régimes qui l'ont précédée, tient à maintenir et à affirmer encore en ces pays d'Orient, qui furent le berceau intellectuel de la civilisation européenne, les idées de haute culture et de progrès qu'elle a trouvées dans l'héritage des aïeux, car elles remontent à l'expédition scientifique de Morée, idées qu'elle a fait siennes et élargies en les adoptant aux besoins de notre époque démocratique, et que je suis fier, en son nom, d'attester, une fois de plus aujourd'hui, devant ce brillant et sympathique auditoire.

Les consuls de Belgique et de Hollande, qui ont des ressortissants à la Section étrangère, ont parlé, le premier surtout, de la France, de sa mission civilisatrice, tout comme l'auraient fait des enfants de la France, avec piété, avec reconnaissance, avec amour. M. Dœrpfell, directeur de l'Institut archéologique allemand, a félicité M. Homolle de la bonne idée qu'il avait eue et qu'il a réalisée à la satisfaction de tous.

M. Roujon, directeur des Beaux-Arts, a pris ensuite la parole. Son discours, sa causerie plutôt, a tenu
son auditoire sous le charme au point que les Hellènes
assis derrière nous accueillaient chacune de ses phrases
par des points d'admiration du meilleur goût. Un d'eux
disait à son voisin : « Il n'y a vraiment que les Galates
(c'est le nom que les Grecs continuent à donner aux
Français) pour dire les choses en termes si gracieux et
si doux à notre amour-propre national. » Délégué de
l'Académie des Beaux-Arts et de l'Académie des Inscriptions et Belles-Lettres, M. Roujon s'est acquitté
de sa double mission de la manière la plus agréable
aux Hellènes, la plus flatteuse pour les Français. Il a
su, chose rare en parlant de la Grèce, éviter les lieux
communs, comme tous ceux d'ailleurs qui ont parlé
avant et après lui. Toutes ses phrases ont été soulignées
par de chaleureux applaudissements. Voici la péroraison de son admirable discours :

Messieurs les étudiants étrangers, que l'esprit de la Grèce
antique soit avec vous. Je souhaite, je le dis avec un orgueil
patriotique, de rendre à vos patries en science et en gloire
ce qu'ont rendu à la France ceux de ses fils qu'elle a envoyés
ici. Je vous envie de pouvoir passer les plus belles années
de la jeunesse au pied du Lycabette et les yeux tournés vers
le Rocher sacré de l'Acropole. Vous retournerez un jour
dans vos pays, la volonté plus forte, le cœur meilleur, l'intelligence plus subtile et plus lumineuse, l'âme plus purifiée
pour toujours à la source intarissable de poésie et de
beauté.

M. Mompherratos, ministre de l'Instruction publique,
a pris ensuite la parole en ces termes :

A l'occasion de l'inauguration de la Section étrangère, j'ai l'honneur, en ma qualité de ministre de l'Institution publique, d'adresser mes félicitations à l'Ecole française. J'envoie en même temps un salut aux nobles savants Français qui sont venus de Paris assister à cette fête et à qui je souhaite la bienvenue.

Depuis un demi-siècle, l'Ecole française a accompli une œuvre considérable, et c'est grâce aux hommes éminents qui présidaient à ses travaux que l'archéologie hellénique a fait d'immenses progrès.

Délos, Delphes, Mantinée, Thèbes, Corinthe, Elatée, Kymi, Orchomène, Santorin, Tégée, portent la trace des fouilles heureuses qu'elle a entreprises chez nous.

En instituant, aujourd'hui, la Section étrangère, appelée à contribuer aux progrès des études archéologiques, elle acquiert un nouveau titre à la reconnaissance du monde civilisé. Aussi est-ce avec un sentiment d'admiration et de fierté nationale que j'en félicite son éminent directeur, M. Homolle, et c'est aussi avec un égal sentiment d'admiration que je rapporte mon souvenir vers ses prédécesseurs et tous les membres de l'Ecole.

Leurs études approfondies, leurs efforts persévérants, le zèle apporté à leurs travaux, ont fait de l'Ecole française d'Athènes une institution scientifique remarquable, vraiment digne de la grande et noble nation française.

Il appartenait au prytane de l'Université Nationale de dire combien l'Ecole française est sympathique aux Hellènes, la large part qu'elle a prise au progrès de la science archéologique. M. Sakellaropoulo l'a fait dans les termes suivants :

Permettez-moi, Messieurs, de dire deux mots au nom de l'Université d'Athènes. Ce n'est pas une banale formalité que je viens remplir ; je veux seulement vous exprimer de façon sincère la joie que nous cause cette fête, à laquelle nous convie l'Ecole française, l'aînée de toutes ces vaillantes institutions qui sont chez nous des centres lumineux de la science archéologique. La France, après avoir grandement contribué aux progrès archéologiques de nos jours par la fondation de son Ecole d'Athènes, a voulu que sous ses auspices il y eût aussi une section étrangère, une annexe de son Ecole destinée aux savants appartenant à des pays qui n'avaient pas en Grèce un Institut archéologique à eux ; et la Grèce, de son côté, a été heureuse de pouvoir seconder la réalisation de cette belle idée, si conforme aux plus nobles traditions de la France. Est-il nécessaire d'ajouter combien sont chaleureuses nos sympathies pour cette nouvelle section que nous inaugurons aujourd'hui ? Les savants qui en feront partie, et auxquels nous souhaitons de tout cœur la bienvenue, donneront de nouvelles forces à la phalange intellectuelle des explorateurs du passé de la Grèce, de l'*alma mater* de la civilisation européenne. Ils marcheront de pair avec les savants des Ecoles déjà existantes, ils donneront, nous n'en doutons pas, une nouvelle impulsion à nos chères études ; ils contribueront de leur part à la fraternité de tous les hommes de cœur qui ont voué leur vie à la science. C'est le vœu le plus cher de l'Université d'Athènes.

M. Cavadias, au nom de la Société archéologique, a fait l'éloge de l'Ecole française et de son directeur qui s'est acquis l'estime et les sympathies générales, et dont les travaux, ceux de l'Ecole, comme ceux de son directeur, ont enrichi la science archéologique. Puis, sous la conduite de M., de Mme et de M^elles Homolle, la brillante et grave assistance a visité la Section étrangère qui n'est pas, on l'a dit, une construction luxueuse, mais où les savants étrangers trouveront le confort nécessaire aux hommes d'études. »

Après ce compte rendu, je crois, Messieurs, que tout ce que je pourrais ajouter serait sans intérêt. Je ne vous retiendrai donc pas plus longtemps. Qu'il me soit permis cependant, en finissant, de noter un trait qui a véritablement distingué cette fête de tant de fêtes analogues, je veux parler de la sympathie réelle avec laquelle les Grecs s'y sont associés. Avec un instinct très sûr, ils ont compris qu'en réalisant l'idée de M. de Salvandy, la France avait servi non seulement l'intérêt de la science, mais aussi celui de leur patrie, et que, par son caractère international, l'œuvre faite à Athènes avait une portée dont ils appréciaient le prix et les avantages.

C'est le sentiment que m'exprimait le Recteur de l'Université d'Athènes, dans la lettre qu'il m'écrivait, le jour même, pour me prier d'être auprès de vous l'interprète de sa gratitude et de celle de tous ses collègues, et vous enregistrerez ce témoignage désintéressé, avec d'autant plus de satisfaction, qu'il constitue la meilleure des réponses à ceux qui pourraient être tentés de réduire le rôle du Comité, dans cette œuvre de longue haleine, à celui d'un simple bailleur de fonds.

PAUL MELLON

ASSOCIATION FRANCO-ÉCOSSAISE

BRANCHE FRANÇAISE

Séance du 11 juillet 1903.

MESSIEURS,

Une indisposition, survenue inopinément ce matin,
retient M. Casimir-Périer loin de nous. Il m'a chargé
de vous exprimer tous ses regrets. Après une inter-
ruption des réunions de nos deux branches, trop
longue à son gré, il eût particulièrement voulu se
trouver aujourd'hui au milieu de vous, pour vous
exposer lui-même les raisons qui nous avaient conseillé pendant longtemps une attitude de réserve, et
celles qui, aujourd'hui, après la visite du roi d'Angleterre à Paris, doivent nous faire considérer comme
une chose essentiellement désirable le meeting projeté.
Il m'a fait prier ce matin de vous les dire, mais je
ne l'essaierai même pas, car je suis convaincu que
vous les comprenez et que vous les appréciez. Je
craindrais d'ailleurs de me perdre dans des considé-
rations générales ; je vous demande donc la permission
de n'aborder la question, en l'absence de notre Président, que par le petit côté, et tout d'abord par le côté
financier.

Dans le procès-verbal de la séance du 15 juin 1899, je vous disais que notre budget se soldait par un déficit de 2.224 fr. 55. J'ai le regret de vous dire que le temps, en s'écoulant, n'a pas modifié cet état de choses et que nos dettes se sont même augmentées. Voici dans quelle mesure :

En 1899, nous avons dépensé 1.034 fr. 55 ; en 1900, la somme de 616,55 ; en 1901, 63,70, et, en 1902, 72 fr. 70. Par contre, nous avons reçu, au cours de la même période, un don de 300 fr. de M. Casimir-Périer et une cotisation de 10 fr., qui nous a été envoyée par Mlle Bonnet, de Montpellier. La différence entre la colonne du débit et du crédit donne un solde de 1.787,50 qui, ajouté aux 2.224,55 que nous devions déjà à la date du 31 décembre 1898, forme un total de 4.012,05.

Voilà la situation. Ne vous en alarmez pas cependant, je vous prie, et n'en redoutez aucune fâcheuse conséquence, car, grâce au concours qu'elle a trouvé, la branche française a pu faire honneur à tous ses engagements. Elle doit, c'est vrai, mais elle ne doit qu'à celui dont elle est issue, je veux dire au Comité de patronage des Étudiants étrangers, et par conséquent il n'y a pas lieu d'en prendre souci. Le premier devoir d'un père de famille n'est-il pas d'assurer l'existence de sa progéniture ?

Mais en vous citant ces chiffres, je n'ai pas voulu seulement remplir mon devoir de trésorier et apporter un argument de plus aux raisons qui nous faisaient croire à l'inopportunité d'une réunion en territoire français, alors que le souvenir de certains incidents était encore présent à toutes les mémoires et que les événements de la guerre sud-africaine passionnaient l'opinion et avaient un tel retentissement dans l'âme française.

J'ai voulu aussi répondre à certaines préoccupations qui se sont fait jour à diverses reprises. On a dit, on a même écrit dans les journaux que la branche française sommeillait, qu'elle était indolente, qu'elle avait plus de goût pour le repos que pour l'action. Il est vrai que nous ne sommes pas partisans des manifestations extérieures trop souvent répétées, d'abord parce qu'elles coûtent fort cher, et ensuite parce que nous sommes convaincus que, dans ces sortes de choses, il est bon de ne pas aller jusqu'à la satiété et d'éviter la lassitude.

Du reste, on peut travailler même dans le silence, et j'espère pouvoir vous le montrer en vous donnant le détail et la nature de nos dépenses.

En 1899, nos débours se sont élevés à la somme de plus de mille francs. Voici à quelle occasion. Vous nous aviez donné l'autorisation d'ouvrir un concours sur les questions touchant les rapports intellectuels et moraux de la France et de l'Écosse, sur l'influence sociale, politique et philosophique qu'elles ont exercée l'une sur l'autre. Nous avons donc lancé un appel aux étudiants écossais et français, et cet appel nous a valu plusieurs mémoires ; nous les avons soumis à M. Seignobos, auquel il m'est agréable aujourd'hui d'adresser de nouveau les remerciements de l'Association. L'éminent professeur a bien voulu lire ces œuvres juvéniles et nous donner son avis motivé, nous nous y sommes conformés et nous avons accordé 3 prix · le premier à M. G. Olliver, de l'Université de Glasgow, qui a reçu 700 fr., les deux autres à M. J. Melville et à M. Cadier, étudiant de la

Faculté de Montauban, qui ont été déclarés *ex-æquo* et ont reçu chacun 150 fr.

De plus, dans la pensée d'attirer un plus grand nombre de jeunes gens vers l'étude de notre langue et de favoriser le mouvement si intéressant qui se dessine parmi la jeunesse studieuse de l'Université de Glasgow, votre bureau a jugé utile d'envoyer chaque année un certain nombre de volumes pour qu'ils soient donnés en prix. Cette libéralité de la branche française a été très appréciée, et nous avons reçu du Sénat académique la lettre de remerciements que voici : « A la dernière réunion du Sénat, M. Martin, professeur de langue et de littérature françaises dans cette Université, nous ayant fait savoir que la branche française de l'Association franco-écossaise lui avait adressé neuf volumes richement reliés des ouvrages de Victor Hugo, de Lamartine et de Sully-Prudhomme, afin de récompenser les étudiants qui ont fait le plus de progrès dans la langue française, j'ai reçu mandat de vous exprimer les remerciements sincères et cordiaux du Sénat académique de l'Université pour cette marque du vif intérêt que vous prenez à notre jeunesse et à notre enseignement. »

Entre temps nous avons, par une subvention de 300 fr., pris part à l'organisation du banquet offert à la branche écossaise, à l'occasion d'un match qu'elle avait provoqué à Paris entre un team d'Edimbourg et nos joueurs français. La soirée fut fort belle ; le Père Didon y assistait, et sa mâle et patriotique éloquence donna un accent particulier à cette fête, qui se trouvait déjà rehaussée par la présence de notre président, M. Casimir-Périer.

En 1901, et à l'occasion de l'Exposition Universelle de Glasgow, notre branche française, à la requête de M. Gréard, a contribué, par une subvention de 500 fr., à l'œuvre si intéressante et si nouvelle de l'Ecole internationale des Expositions. Cette école, inaugurée à Paris à l'occasion de l'Exposition Universelle, a pour but d'extraire et de répandre l'enseignement qui se dégage du groupement sur un point donné des différents produits du génie humain, etc., etc. A cet effet et pour assurer le développement de la science, des arts et de l'éducation, elle organise, sous la direction de spécialistes, des conférences et de véritables leçons de choses.

Au moment où l'Ecosse et Glasgow invitaient le monde entier à venir admirer les merveilles de son industrie métallurgique et la puissance de ses hauts-fourneaux, il était bon de ne pas laisser sans emploi une organisation qui avait fait ses preuves, et de profiter de l'occasion qui se présentait pour faire connaître au public français le secret de la transformation qui a fait, de l'Ecosse pauvre et deshéritée d'autrefois, un des coins du monde les plus riches et les plus prospères. Votre bureau a donc répondu à l'appel qui lui était adressé, et il l'a fait dans la mesure de ses forces et de ses moyens.

Un peu de notre activité s'est aussi dépensé pour remplacer par des jeunes diplômés français les professeurs étrangers de langue française, dans les Ecoles et dans les Universités de la Grande-Bretagne.

La tâche est difficile, mais comme il y a profit pour tout le monde, profit pour l'Université ou l'Ecole qui fait appel au concours de Français compétents, pour rem-

placer des incapables ou des étrangers ; profit pour le
développement du mouvement universitaire français ;
profit pour notre jeunesse studieuse qui, en trouvant
des débouchés, peut nous rapporter aussi des trésors de
science vécue et d'expérience personnelle acquise au
contact des choses de l'étranger, j'estime qu'il ne faut
ni se lasser ni se décourager. Un point important du
reste est déjà acquis ; et c'est que les candidats français, si rares il y a quelques années encore, ne nous
manqueront pas. La vraie, je devrais dire la seule
difficulté, c'est d'être renseigné à temps sur les besoins
des écoles étrangères et les vacances qui peuvent s'y
produire. Nous y parviendrons, je l'espère, car nous
pouvons compter sur le dévouement de nos amis qui
sentent l'intérêt qu'il y a, pour eux, à s'associer à
notre action.

En attendant, et comme preuves des bonnes dispositions que cette action de notre Association a fait naître,
je peux vous citer les démarches de lord Glenesk,
président de la branche écossaise, qui a demandé
à lord Londonderry, ministre of the Board of edu-
cation, de vouloir bien décider que toutes les écoles
de la Grande-Bretagne n'aient plus recours doré-
navant qu'à des diplômés français. De notre côté
aussi souffle un vent favorable, et nous ne négligeons
aucune occasion d'offrir nos bons offices à ceux de
nos compatriotes qui désirent aller en Ecosse, soit pour
y étudier, soit pour y faire des conférences. Dernièrement, un professeur de l'Université de Lyon nous a
priés de le mettre en rapport avec les Universités
d'Ecosse. Grâce à la courtoisie de M. le professeur
Kirkpatrick, la chose a été facile, et il y a lieu de

croire qu'au mois de décembre prochain, un de nos
maîtres ira exposer, devant la jeunesse universitaire
d'Edimbourg, ses vues personnelles et ses théories
propres sur la grammaire générale et l'histoire du
développement du langage dans les idiomes qui inté-
ressent le plus directement la civilisation moderne.

Je crois, Messieurs, que ce mouvement de pénétra-
tion française ira en se développant, et que de plus en
plus les Universités écossaises s'adresseront à nous et
feront appel à notre jeunesse enseignante. Pour atteindre
plus sûrement le but, il faudrait cependant qu'au courant qui s'établit de France en Ecosse, un autre répon-
dît d'Ecosse en France, qui rétablît la balance et
donnât satisfaction à nos amis. Permettez-moi, Messieurs, de faire appel à votre influence, et puisque nous
avons la bonne fortune de voir aujourd'hui parmi nous,
quelques-uns des hommes qui jouissent de la plus
légitime autorité auprès de M. le Ministre de l'Instruction publique, permettez-moi, dis-je, de vous demander de vous joindre à moi, pour les prier de
prendre en mains notre cause, qui est aussi celle de
l'intérêt français.

L'année passée, mon collègue d'Ecosse me demanda
si je connaissais la directrice de l'Ecole normale de
Montpellier. Il s'agissait d'y faire recevoir, à titre
d'institutrices ou de répétitrices, deux jeunes Ecossaises très distinguées et désireuses de passer un an
en France. Ces jeunes filles étaient élèves of the United
free Church Normal School; elles avaient passé des
examens spéciaux en vue de leur séjour en France;
elles avaient l'appui de His Majesty Inspector. Je fis
écrire de suite à la directrice par une personne qui la

connaissait. La réponse fut ce que je prévoyais. Je m'adressai alors au ministre, mais ce fut sans succès.

Le directeur de l'Enseignement primaire nous répondit : « J'ai reçu la lettre par laquelle vous avez bien voulu me demander d'autoriser deux jeunes Ecossaises, anciennes élèves de l'Ecole normale d'Edimbourg, à passer une année à l'Ecole normale de Montpellier.

» De jeunes Arméniennes ont pu, comme vous le rappelez, pour des raisons toutes particulières, être envoyées en subsistance dans certaines Ecoles normales; mais le ministre de l'Instruction publique a renoncé depuis quelques années à recevoir des étrangères comme élèves dans les Ecoles normales. Ces jeunes filles ne peuvent plus y être reçues que comme répétitrices anglaises, lorsqu'elles ont passé un examen spécial dans des conditions déterminées par mon administration. Or il n'y a pas d'examen actuellement et les postes vacants de répétitrices anglaises dans les Ecoles normales ont tous été pourvus. Je regrette vivement de ne pouvoir dans ces conditions satisfaire au désir que vous m'avez exprimé. »

Ce n'est pas à nous qui sommes les hôtes de la Sorbonne qu'il appartient de discuter les raisons qui nous sont données. Il serait pourtant si désirable que les vœux de nos amis écossais soient exaucés, que je me demande si nous ne pourrions pas renouveler notre tentative et représenter respectueusement à l'administration l'intérêt qu'il y aurait à affranchir les candidats écossais du contrôle d'examinateurs anglais et à les dispenser des frais d'un voyage long et coûteux à Londres. A quoi bon leur imposer une tutelle dont

ils ne veulent pas, alors surtout que les jurys d'examen constitués, après entente préalable, par les Universités d'Ecosse et la branche écossaise, offriraient toutes
les garanties désirables. Si tel est votre sentiment,
permettez-moi, Messieurs, de vous demander de vouloir
bien émettre un vœu dans ce sens.

Je ne veux pas entrer dans plus de détails, et m'at-
tarder à vous parler des infiniment petits de l'existence
journalière de notre société, des réceptions journalières
des étudiants, des réunions amicales, des cours de lecture française, qui ont été organisés cet hiver à Paris,
au siège social, de ce service quotidien qui est fait de
correspondances, de visites, de recommandations, mais
j'en ai dit assez, je pense, pour vous prouver que notre
branche française, tout au moins, a fait ce qu'elle a
pu, étant données les circonstances, pour s'acquitter de
sa tâche et répondre à vos intentions.

Je viens de vous dire, Messieurs, comment et dans
quelle mesure notre activité s'était manifestée en
France. Permettez-moi maintenant de vous parler
rapidement des résultats auxquels nous sommes arrivés en Ecosse. J'en parlerai d'autant plus librement
qu'ici j'ai moins à vous entretenir de notre propre
action que de celle d'autrui.

Vous vous rappelez, Messieurs, qu'à la suite du
meeting d'Edimbourg, nous avons été assez heureux
pour faire attribuer à M. Martin le poste de *lecturer*
à l'Université de Glasgow. Nous ne pouvions faire un
meilleur choix. M. Martin a pris son rôle au sérieux
et grâce à son dévouement les études de langue française à Glasgow se sont considérablement dévelop-
pées. Le chiffre des inscrits qui étaient de 29 étudiants

en 1898 est aujourd'hui de 81, bien que le français ne soit pas une matière obligatoire, pour l'obtention du diplôme de maître ès arts, et que les examens, qui ont été complétés par des examens oraux, aient été rendus plus difficiles. Mais il a suffi de confier à un Français diplômé de nos Universités le soin d'enseigner notre langue, pour en rendre l'étude plus intéressante et plus attrayante.

M. Martin, et je suis heureux de l'occasion qui m'est offerte de lui adresser mes félicitations, n'a du reste rien négligé pour attirer la jeunesse. Il ne s'est pas contenté de monter dans sa chaire et de professer, il a provoqué le goût des études françaises ; il a fondé une société qui s'appelle le Chardon. Il la préside, c'est évident, mais enfin il lui a donné son temps, son cœur et il l'a fait prospérer. Le Chardon compte aujourd'hui 200 membres. On y tient des réunions mensuelles, on y fait des conférences, on y lit nos poètes et nos classiques, on y fait de la musique, on y joue la comédie.

En février dernier, les membres du Chardon ont donné une représentation théâtrale qui a rapporté 1.000 fr. de recettes, avec l'*Étincelle*, de Pailleron, *Gringoire*, de Banville, *Le Commissaire est bon enfant*, de Courteline.

Ce qui est plus significatif encore et prouve mieux le résultat obtenu par l'action commune des deux branches de notre Association, c'est la création de bourses destinées à encourager l'étude du français à l'Université.

Répondant aux vœux qui leur avaient été exprimés à plusieurs reprises, les Universités ont constitué

quatre bourses de 1250 fr., deux bourses de 600 fr.,
valables pendant deux ans, une bourse de 750 fr.,
valable pendant quatre ans. Ces bourses sont attri-
buées chaque année à l'étudiant qui, à son entrée à
l'Université, a passé le meilleur examen de français.
Si vous ajoutez à cela les quatre bourses de 750 fr.
qui ont été mises au concours par la branche écossaise
de la Société, et dont bénéficient, à l'heure actuelle,
plusieurs jeunes gens en cours d'études à Paris, vous
arrivez à un total de onze bourses, ce qui vous
paraîtra certainement un chiffre très éloquent.

Encore dans le même ordre d'idées et comme
nouvelle preuve de la faveur toujours croissante dont
jouissent notre langue et notre culture intellectuelle,
il faut noter également la demande, qui vient d'être
adressée par le Sénat académique de Glasgow au
Conseil de l'Université, en vue de la création d'un
poste supplémentaire d'assistant de la chaire de
langue française, la charge du département devenant
trop lourde pour un seul homme ; la création par le
Sous-Secrétaire d'Etat à l'Instruction publique d'une
inspection de l'enseignement du français dans les
Ecoles normales d'Ecosse, celle d'un certificat d'aptitude à l'enseignement du français ; enfin, l'envoi en
France de quelques Ecossais professeurs de français,
pour suivre pendant les vacances, soit à Paris, les
cours de l'Alliance française, soit dans les départe-
ments, ceux qui sont faits dans les Universités, à
Grenoble, à Besançon, à Clermont-Ferrand et ailleurs.

Plusieurs de ces Ecossais sont allés à l'Université
dauphinoise. Vous savez que les cours de vacances y
ont été suivis l'année passée par 400 étudiants. C'est

un superbe résultat dû au zèle, au dévouement de nos amis de Grenoble, et dont ils ont le droit d'être fiers. Peut-être cependant notre Association et notre Comité peuvent-ils en revendiquer une part, pour si mince qu'elle soit, étant donnée la propagande que nous avons faite en Ecosse et ailleurs, pendant plusieurs années, soit directement, soit au moyen des notices du Comité de patronage dauphinois que nous avons répandues, étant données enfin l'initiative que nous avons prise en attirant l'attention de nos amis de Grenoble sur les avantages qu'offraient leurs belles montagnes au point de vue du recrutement d'une large clientèle universitaire, et les quelques subventions qui ont facilité leurs premiers pas dans la carrière nouvelle qui s'ouvrait.

Mais revenons à l'Ecosse. A l'heure actuelle, les cours de français dans les Ecoles normales sont suivis par presque tous les élèves, au détriment de l'allemand qui est de plus en plus délaissé. L'enseignement de cette dernière langue a même été supprimé, cette année-ci, dans plusieurs collèges. Notre correspondant ajoute même que le nombre des candidats au certificat d'aptitude en allemand, comparé à celui des candidats au certificat français, est presque insignifiant.

Je ne veux pas poursuivre plus longtemps cette comparaison : ce que j'ai dit suffit à prouver les progrès incessants de notre langue.

Il n'est pas jusqu'aux nombreux sovereigns qui garnissent l'escarcelle de la branche écossaise de notre Association, aux conférences répétées qui réussissent, à Glasgow, comme à Edimbourg, à attirer un nombreux

public aux soirées payantes que nos amis organisent,
qui ne démontrent qu'il existe en Ecosse un mouvement sérieux et profond de sympathies françaises et
que ce mouvement va chaque jour grandissant.

Nous n'avons, nous ici, ni les mêmes ressources
ni les mêmes moyens. Nous ne les avons pas, et nous
ne pouvons les avoir, parce que les circonstances sont
différentes et parce que la France n'est pas l'Ecosse.
Mais, permettez-moi d'espérer, puisqu'une occasion
s'offre de recevoir nos amis à Grenoble et de leur
témoigner nos sentiments d'amitié et de gratitude,
que vous voudrez bien, par votre appui moral, vos
conseils et votre concours effectif, nous fournir les
moyens de donner à la réunion projetée tout l'éclat
possible, afin que d'une union plus étroite des cœurs résulte un nouveau progrès de l'influence morale et intellectuelle de notre pays en Ecosse.

Voilà des années, Messieurs, que la question du
meeting de Grenoble est posée, et déjà, en 1898, j'ai
eu l'honneur de vous faire connaître, d'abord l'insuc-
cès de nos démarches auprès de l'Université de Montpellier, puis les pourparlers engagés aussitôt avec le
Comité de patronage de l'Université de Grenoble.
Depuis lors, ces pourparlers n'ont jamais été inter-
rompus, et aujourd'hui nous vous avons convoqués
pour vous soumettre les propositions de nos amis de
Grenoble, les *desiderata* de nos collègues d'Ecosse, et
vous dire le point où en sont toutes ces négociations
préliminaires.

Vous penserez peut-être, Messieurs, que votre secrétariat aurait dû vous réunir plus tôt. Mais sur

quoi discuter utilement, quand il n'y a pas de base ?
Or ce n'est que dernièrement que nous avons reçu de
Lyon la réponse définitive.

Sur le conseil de M. le Directeur de l'enseignement
supérieur, nous avions en effet écrit au mois de février dernier à M. Compayré, pour lui demander s'il
voudrait bien nous permettre de faire visiter à nos
amis] les belles installations des écoles lyonnaises.
M. Compayré nous avait de suite très aimablement et
affirmativement répondu ; mais il restait quelques
grosses questions à résoudre, et il nous a fallu
attendre qu'une intervention se produisît qui nous
rassurât sur les conditions dans lesquelles se ferait
notre visite. Or, avec une générosité et un dévouement pour lesquels je lui adresse ici tous nos remerciements, M. Cambefort, président de la Société
des Amis de l'Université, a bien voulu nous promettre son concours le plus gracieux et le plus complet. Je ne voudrais pas, Messieurs, prononcer ici
une parole imprudente, je crois cependant pouvoir
vous dire que l'hospitalité lyonnaise ne laissera rien à
désirer.

La date qui a paru réunir tous les suffrages, soit en
Ecosse, soit en France, est celle du 12 septembre.
C'est donc ce jour-là, à 9 heures du matin, qu'aura
lieu, à Lyon, la réception à l'Université.

M. le Président a bien voulu faire des démarches
auprès des Compagnies de chemins de fer pour assurer à
nos amis des tickets de Calais à Grenoble et retour,
avec faculté d'arrêt, et 50 % de réduction. Le premier
arrêt aura lieu le 12 à Lyon ; le 13, qui est un dimanche,
sera employé par chacun au gré de sa fantaisie. On

se retrouvera le 14, à 9 heures du matin, à Grenoble. Là, il y aura des conférences et des banquets organisés et offerts par le Comité de patronage des étudiants étrangers ; il y aura une excursion et une conférence à Vizille, dans le parc de ce château célèbre dans l'histoire de la Révolution.

Quant au restant du programme projeté, sa réalisation dépendra de l'état de nos ressources. Nous voudrions autant que possible ne pas rester en arrière des Ecossais. Or vous vous souvenez, ceux d'entre vous qui sont allés à Edimbourg en 1897, que nous avons été défrayés de toute espèce de dépenses. Il serait à désirer que nous puissions rendre la pareille à nos amis et que nous puissions aussi leur montrer quelques-uns des plus beaux sites de nos Alpes dauphinoises.

Un sentiment de pudeur patriotique, que vous apprécierez certainement, déconseille à l'heure actuelle une course à la Grande-Chartreuse. Reste le Lautaret qui, à vrai dire, avec la Meidje et le bourg d'Oisans, est la chose la plus propre à donner à nos hôtes l'impression que le Dauphiné rivalise avec la Suisse et mérite tout autant qu'elle de devenir pour eux un centre d'études et de villégiature. Malheureusement il en coûte fort cher : 35 à 40 fr. par personne. Si le nombre des Ecossais est de 60, ainsi qu'on peut le conjecturer par le chiffre des inscriptions actuelles, c'est donc une dépense de 2.400 fr. On estime de plus les frais de séjour à Grenoble à une somme égale.

M. Marcel Reymond, président du Comité de patronage de Grenoble, nous offre de prendre à sa charge toutes les dépenses des hôtels de Grenoble, si nous voulons lui assurer une subvention de 2.500 fr.

Je pense, Messieurs, que vous ne nous refuserez pas l'autorisation d'emprunter cette somme à la caisse du Comité de patronage de Paris et que pour ce qui est de la course du Lautaret, vous voudrez bien étudier les moyens de l'offrir à nos hôtes. Dans une visite récente faite au ministre de l'Instruction publique, M. Casimir-Périer lui a demandé une subvention.

M. Chaumié pense pouvoir nous l'accorder. Comme cependant, en tout état de cause, elle ne sera pas suffisante pour parer aux dépenses prévues, il y aura lieu pour vous de voir sous quelle forme et dans quelle mesure il conviendra de réunir le surplus des fonds nécessaires.

J'ai fini. Il ne me reste plus, Messieurs, qu'à vous soumettre et à vous prier de voter le vœu dont je vous ai parlé il y a quelques instants :

« La branche française de l'Association Franco-Ecossaise, réunie à la Sorbonne en assemblée générale le 11 juin 1903, émet le vœu que les jeunes filles et les jeunes gens écossais qui désirent faire un stage dans nos Écoles normales à titre d'instituteurs ou de répétiteurs, jouissent des mêmes droits et des mêmes privilèges que les jeunes Anglais et Anglaises, et soient autorisés par M. le Ministre de l'Instruction publique à passer l'examen préliminaire à Edimbourg même ou dans telle autre ville du royaume d'Ecosse, devant un jury pris dans le corps professoral des Universités d'Ecosse et dans l'Association Franco-Ecossaise. »

PAUL MELLON.

Dole-du-Jura. — Imprimerie GIRARDI et AUDEBERT. — 1051-03.

www.ingramcontent.com/pod-product-compliance
Lightning Source LLC
Chambersburg PA
CBHW070912280326
41934CB00008B/1688